古典文獻研究輯刊

三八編

潘美月・杜潔祥 主編

第28冊

《說文解字》今注
（第三冊）

牛尚鵬 著

國家圖書館出版品預行編目資料

《說文解字》今注（第三冊）／牛尚鵬 著 -- 初版 -- 新北市：
花木蘭文化事業有限公司，2024〔民113〕
目 4+206 面；19×26 公分
（古典文獻研究輯刊 三八編；第28冊）
ISBN 978-626-344-731-8（精裝）
1.CST：說文解字 2.CST：注釋
011.08   112022600

ISBN-978-626-344-731-8

古典文獻研究輯刊
三八編　第二八冊　　　　　　　ISBN：978-626-344-731-8

《說文解字》今注
（第三冊）

作　　　者　牛尚鵬
主　　　編　潘美月、杜潔祥
總 編 輯　杜潔祥
副總編輯　楊嘉樂
編輯主任　許郁翎
編　　　輯　潘玟靜、蔡正宣　美術編輯　陳逸婷
出　　　版　花木蘭文化事業有限公司
發 行 人　高小娟
聯絡地址　235 新北市中和區中安街七二號十三樓
　　　　　電話：02-2923-1455／傳真：02-2923-1400
網　　　址　http://www.huamulan.tw 信箱 service@huamulans.com
印　　　刷　普羅文化出版廣告事業
初　　　版　2024 年 3 月
定　　　價　三八編 60 冊（精裝）新台幣 156,000 元

《說文解字》今注

（第三冊）

牛尚鵬 著

目次

卷四上

四十五部　文七百四十八　重百一十二　凡七千六百三十八字
文二十四新附

夏部

　　夏 𥊽 xuè　　舉目使人也。从攴，从目。凡夏之屬皆从夏。讀若颭。〔火
劣切〕

【注釋】

　　段注：「《項羽本紀》：『梁眴籍曰：可行矣。籍遂拔劍斬首頭。』然則眴同夏也。
《目部》曰：旬，目搖也。謂有目搖而不使人者。」今湖北方言仍有「夏人家做壞事」，
慫恿也。

　　夐 𡡉 xiòng　　營求也。从夏，从人在穴上。《商書》曰：高宗夢得說，
使百工夐求，得之傅岩。岩，穴也。〔朽正切〕〔徐鍇曰：人與目隔穴經營而
見之，然後指使以求之。攴，所指畫也。〕

【注釋】

　　營求，同義連文。營亦求也，今有「營救」，謂謀求救援也。今瓊（琼）字從夐
聲。常用義遠也，謝朓詩：「故鄉邈已夐，山川修且廣。」小徐本「夢」作「癮」，「夐
求」作「營求」。

　　闅 𨵵 wén　　低目視也。从夏，門聲。弘農湖縣有闅鄉，汝南西平有闅
亭。〔無分切〕

夐 xuǎn　　大視也。从大、夐。讀若齏。〔況晚切〕

【注釋】

宣，大室也。桓，大木也。同源詞也。

文四

目部

目 mù　　人眼。象形，重童子也。凡目之屬皆从目。古文目。〔莫六切〕

【注釋】

本義是眼睛，引申看義，今有「一目了然」。引申為綱眼，如「綱舉目張」。又有條目義，即大項中分出的小項，今有「項目」「大綱細目」。又有名稱義，今有「名目」。作動詞為命名義，如「故目之曰某某」。

眼 yǎn　　目也。从目，艮聲。〔五限切〕

【注釋】

本義為眼珠。泛指眼睛，今有「有眼無珠」。戲曲中的節拍謂之眼，如「一板三眼」「有板有眼」。眼是眼眶裏面的部分，目包括眼瞼、睫毛及眼眶，故眼可引申為孔洞、窟窿。泛稱不別。

矏 biǎn　　兒初生瞥者。从目，罷聲。〔邦免切〕

眩 xuàn　　目無常主也。从目，玄聲。〔黃絢切〕

【注釋】

「目無常主」者，眼睛昏花，視物不定，今有「頭暈目眩」。引申出迷惑義，《漢書》：「使人眩於名實，不知所守。」今有「眩於名利」。「炫耀」又作「眩耀」，明亮貌，又誇耀也。

眥 zì（眦）　　目匡也。从目，此聲。〔在詣切〕

【注釋】

眦、眥異體字。本義是眼角，靠近鼻子的稱「內眥」，靠近兩鬢的稱「外眥」，今有「睚眥必報」。《說文》：「睚，目際也。」睚亦眥也。從此之字多有小義，見前「疵」「些」字注。

映 睞 jié（睫）　　目旁毛也。从目，夾聲。〔子葉切〕

【注釋】

此睫毛之古字也。《說文》無睫字。又眨眼謂之睞，《列子》：「矢未注眸子而眦不睞。」

縣 瞚 xuàn　　盧童子也。从目，縣聲。〔胡畎切〕

瞎 瞺 xī　　目童子精也。从目，喜聲。讀若禧。〔許其切〕

【注釋】

段注：「精謂精光也，俗作晴。」

瞦 瞺 mián　　目旁薄緻⺮⺮也。从目，鼏聲。〔武延切〕

【注釋】

此「綿密」之本字也。

𦕈 瞺 fēi　　大目也。从目，非聲。〔芳微切〕

瞖 瞺 xiàn　　大目也。从目，臤聲。〔侯簡切〕

睅 睅 hàn　　大目也。从目，旱聲。〔戶版切〕睆 睅，或从完。

【注釋】

《左傳》：「睅其目，皤其腹。」謂瞪著眼睛。或作「睆」，重文也。

暖 瞺 xuǎn　　大目也。从目，爰聲。〔況晚切〕

－373－

【注釋】

從爰之字多有大義，如瑗，大孔璧也。覞，大視也。媛，美女者，古之碩人也。

瞞 瞞 mán　　平目也。从目，㒼聲。〔母官切〕

【注釋】

本義是眼瞼低平，閉目貌。今作欺瞞字。

暉 暉 gùn　　大目出也。从目，軍聲。〔古鈍切〕

【注釋】

本義是眼珠大而突出。從軍之字多有大義，如喗（大口也）、翬（大飛也）、輝（大火光）、惲（厚重）、揮（奮也。奮者，大飛也）。

矕 矕 mǎn　　目矕矕也。从目，綿聲。〔武版切〕

睔 睔 gǔn　　目大也。从目、侖。《春秋傳》有鄭伯睔。〔古本切〕

盼 盼 pàn　　《詩》曰：美目盼兮。从目，分聲。〔匹莧切〕

【注釋】

許書有不言其義徑舉經傳者，謂本義即「美目盼兮」之盼。盼的本義是眼睛黑白分明，今有「盼倩」。玄應《一切經音義》引作「盼，目黑白分也」。泛指看，今有「左顧右盼」。又有照顧、照看義，今有「齒盼」，謂重視眷顧也。

段注：「按盼、眄、盻三字形近，多互訛，不可不正。」

盰 盰 gàn　　目多白也。一曰：張目也。从目，干聲。〔古旱切〕

眅 眅 pān　　多白眼也。从目，反聲。《春秋傳》曰：鄭游眅，字子明。〔普班切〕

睍 睍 xiàn　　出目也。从目，見聲。〔胡典切〕

【注釋】

「睍睆」謂鳥色美好或鳴聲清圓，《詩經》：「睍睆黃鳥，載好其音。」

瞿 guàn　　　目多精也。从目，瞿聲。益州謂瞋目曰瞿。〔古玩切〕

瞵 lín　　　目精也。从目，粦聲。〔力珍切〕

窅 yǎo　　　深目也。从穴中目。〔烏皎切〕

【注釋】

本義是眼睛下陷。引申為下陷，《黃帝內經》：「按其腹，窅而不起。」引申出深、深遠義，「窅然」，通「杳然」，深遠貌。李白《山中問答》：「桃花流水窅然去，別有天地非人間。」

眊 mào　　　目少精也。从目，毛聲。《虞書》耄字从此。〔亡報切〕

【注釋】

本義是眼睛失神，看不清楚。引申為年老，通「耄」，如「哀夫老眊」。

瞳 tǎng　　　目無精直視也。从目，黨聲。〔他朗切〕

【注釋】

眼睛無神，茫然直視。又失志的樣子。「瞳莽」，晦暗朦朧貌。

睒 shǎn　　　暫視貌。从目，炎聲。讀若「白蓋謂之苫」相似。〔失冉切〕

【注釋】

「睒睗」，迅速地看。

眮 dòng　　　吳楚謂瞋目顧視曰眮。从目，同聲。〔徒弄切〕

眊 bì　　　直視也。从目，必聲。讀若《詩》云：泌彼泉水。〔兵媚切〕

瞴 瞴 mòu　　瞴婁，微視也。从目，無聲。〔莫浮切〕

盰 盰 qī　　蔽人視也。从目，开聲。讀若攜手。一曰：直視也。〔苦兮切〕盰 盰，目或在下。

睌 睌 miǎn　　睌眮，目視貌。从目，免聲。〔武限切〕

眂 眂 shì（視）　　眂貌。从目，氏聲。〔承旨切〕

【注釋】

古「視」字。

睨 睨 nì　　斜視也。从目，兒聲。〔研計切〕

瞀 瞀 mào　　低目視也。从目，冒聲。《周書》曰：武王惟瞀。〔亡保切〕

瞁 瞁 huò　　視高貌。从目，戉聲。讀若《詩》曰：施罟濊濊。〔呼哲切〕

眈 眈 dān　　視近而志遠。从目，尤聲。《易》曰：虎視眈眈。〔丁含切〕

【注釋】

《廣雅》：「眈，視也。」「眈眈」，注視貌，又深邃貌，左思《魏都賦》：「翼翼京室，眈眈帝宇。」岑參《河西太守杜公挽歌》：「漫漫澄波闊，眈眈大廈深。」

遃 遃 yàn　　相顧視而行也。从目，从延，延亦聲。〔于線切〕

盱 盱 xū　　張目也。从目，于聲。一曰：朝鮮謂盧童子曰盱。〔況于切〕

【注釋】

本義是張目。引申大也，《爾雅》：「盱，大也。」《詩經》：「云何其盱。」從于之字多有大義，見前「芌」字注。

睘 睘 qióng　　目驚視也。从目，袁聲。《詩》曰：獨行睘睘。〔渠營切〕

【注釋】

今省作睘，今環、圜、還從此聲。

瞫 瞫 zhǎn　　視而止也。从目，亶聲。〔旨善切〕

眽 眽 mèi　　目冥遠視也。从目，勿聲。一曰：久也。一曰：旦明也。
〔莫佩切〕

眕 眕 zhěn　　目有所恨而止也。从目，㐱聲。〔之忍切〕

瞟 瞟 piǎo　　瞭也。从目，票聲。〔敷沼切〕

【注釋】

段注：「今江蘇俗謂以目伺察曰瞟，音如瓢，上聲。」

瞁 瞁 qì　　察也。从目，祭聲。〔戚細切〕

睹 睹 dǔ（覩）　　見也。从目，者聲。〔當古切〕覩 古文从見。

【注釋】

睹者，看見也。視強調看的動作，睹、見強調結果，不但看，而且看見了，故有「視而不見」「熟視無睹」。今有「聽而不聞」，聽強調動作，聞則強調結果，故有「耳聞目睹」。引申察看、觀察義，如「親睹民情」。

眔 眔 dà　　目相及也。从目，从隶省。〔徒合切〕

【注釋】

逯從此聲。

睽 睽 kuí　　目不相聽也。从目，癸聲。〔苦圭切〕

【注釋】

聽者，順也。睽之本義為二目不能集中視線同視一物，故引申出違背義，如「睽違」「睽離」。今作張目注視貌，如「眾目睽睽」。從癸之字多有違背義，如癸（水從四

－377－

方流入）、葵（隨日而轉的植物）、俟（左右兩視）等。

昩 昩 mò 　　目不明也。从目，末聲。〔莫撥切〕

瞥 瞥 pán 　　轉目視也。从目，般聲。〔薄官切〕

【注釋】

段注：「般，辟也。象舟之旋，故般目為轉目。《戰國策》有田瞥。」

瓣 瓣 pàn 　　小兒白眼也。从目，辡聲。〔蒲莧切〕

脈 脈 mò 　　目財視也。从目，辰聲。〔莫獲切〕

【注釋】

脈，今「含情脈脈」之本字也。脈脈，相視貌。古詩《迢迢牽牛星》：「脈脈不得語。」辛棄疾詞：「脈脈此情誰訴。」

瞞 瞞 tì 　　失意視也。从目，脩聲。〔他歷切〕

瞋 瞋 zhùn 　　謹鈍目也。从目，臺聲。〔之閏切〕

瞤 瞤 rún（瞬）　　目動也。从目，閏聲。〔如勻切〕

【注釋】

《集韻》以「瞤」為「瞬」（瞚）之異體，音 shùn，眨眼也。

瞲 瞲 pín 　　恨張目也。从目，賓聲。《詩》曰：國步斯瞲。〔符真切〕

智 智 yuān 　　目無明也。从目，夗聲。〔一丸切〕

睢 睢 huī 　　仰目也。从目，隹聲。〔許惟切〕

【注釋】

睢，放任自得貌。「睢睢」，仰視的樣子。段注：「《五行志》：萬眾睢睢。《莊子》：

而目睢睢。又恣睢讀去聲，暴戾也。」

旬 xuàn　　目搖也。从目，勻省聲。〔黃絢切〕 旬，或从旬。

【注釋】

重文眴，經典常作為「眩」之異體字。

矆 huò　　大視也。从目，蒦聲。〔許縛切〕

睦 mù　　目順也。从目，坴聲。一曰：敬和也。〔莫卜切〕 古文睦。

【注釋】

本義是目順。引申為順也，和也，今有「和睦」。和則敬，故有敬義，「睦睦」，恭敬貌。

段注：「古書睦、穆通用，如《孟子》注：君臣集穆。《史記》：旼旼睦睦，《漢書》作『旼旼穆穆』，是也。穆多訓敬，故於睦曰敬和。」

瞻 zhān　　臨視也。从目，詹聲。〔職廉切〕

【注釋】

本義是往下看，常用義是往前或往上看，此古今義之不同也。《論語》：「瞻之在前，忽焉在後。」今有「瞻前顧後」「瞻仰」「高瞻遠矚」。段注：「今人謂仰視曰瞻，此古今義不同也。」

瞀 mào　　氐目謹視也。从目，敄聲。〔莫候切〕

【注釋】

常用義是眼睛昏花、昏聵。引申為精神昏亂，今有「瞀亂」。引申出愚昧義，如「怐瞀」，愚昧無知也。《廣雅》：「怐瞀，愚也。」或作「溝瞀」。

䁹 mài　　小視也。从目，買聲。〔莫佳切〕

矙 jiān　　視也。从目，監聲。〔古銜切〕

【注釋】

此監之後起俗字也。《廣雅》:「監,視也。」

啟 ⿰目啟 qì　　省視也。从目,啟省聲。〔苦系切〕

相 ⿰目木 xiāng　　省視也。从目,从木。《易》曰:地可觀者,莫可觀於木。《詩》曰:相鼠有皮。〔息良切〕

【注釋】

省視,同義連文。本義是看,今有「相面」。古代主持禮節儀式的人謂之相,也叫贊,贊亦輔助義,即今之司儀也。《論語》:「宗廟之事,如會同,端章甫,願為小相焉。」

古代盲人樂師一般有人扶助,此動作謂之相,此人亦謂之相。《論語》:「固相師之道也。」師專指樂師,《禮記》:「猶瞽之無相與。」作副詞互相義,常表示動作偏指一方,楊樹達所謂「具有代詞性質的副詞」。《愚公移山》:「雜然相許。」

段注:「按目接物曰相,故凡彼此交接皆曰相,其交接而扶助者,則為相瞽之相。古無平去之別也。」

瞋 ⿰目真 chēn　　張目也。从目,真聲。〔昌真切〕 ⿰目戌 祕書瞋,从戌。

【注釋】

本義是瞪眼睛,引申為生氣,今有「瞋怒」。

鵰 ⿰目鳥 diāo　　目孰視也。从目,鳥聲。讀若雕。〔都僚切〕

睗 ⿰目易 shì　　目疾視也。从目,易聲。〔施隻切〕

睊 ⿰目肙 juàn　　視貌。从目,肙聲。〔於絢切〕

瞲 ⿰目矞 yuè　　目深貌。从目、窅。讀若《易》曰「勿瞲」之「瞲」。〔於悅切〕

睼 ⿰目是 tì　　迎視也。从目,是聲。讀若珥瑱之瑱。〔他計切〕

【注釋】

段注：「《小雅》：題彼脊令。毛云：題，視也。按題者，睼之假借。」

暥 yǎn　目相戲也。从目，晏聲。《詩》曰：暥婉之求。〔於殄切〕

䀐 wò　短深目貌。从目，𠭥聲。〔烏括切〕

眷 juàn　顧也。从目，𠔉聲。《詩》曰：乃眷西顧。〔居倦切〕

【注釋】

本義是回頭看。引申出愛戀義，今有「眷戀」，眷即愛也。「顧」有照顧、顧念義，「眷」亦有此義，今有「眷顧」，「眷拔」謂照顧提拔也。同步引申也。今親屬義乃後起，如「家眷」「眷屬」。

督 dū　察也。一曰：目痛也。从目，叔聲。〔冬毒切〕

【注釋】

本義是查看，今有「督查」「監督」。引申為將領，今有「都督」。引申為責罰義，《史記》：「聞先生有意督過之。」督過，同義連文。

引申為中間、中，《庖丁解牛》：「緣督以為經。」今有「任督二脈」，乃人體中間之大脈絡也。段注：「六經但言董，董即督也。督者，以中道察視之。人身督脈在一身之中，衣之中縫亦曰督縫。」清代葉昌熾有《緣督廬日記》。

睎 xī（希）　望也。从目，稀省聲。海岱之間謂眄曰睎。〔香衣切〕

【注釋】

今「希望」之本字也。

希之常用義是看、觀望，此義後作「睎」。今有「希望」，同義連文。引申出仰慕義，李白詩：「吾希段干木。」又有希求，如「少時陳力希公侯」。又有罕見義，後作稀，今有「稀罕」。《爾雅》：「希，罕也。」如「人之異於禽獸者，幾希」。

看 kān　睎也。从手下目。〔苦寒切〕 看，或从𠦝。

【注釋】

　　本義是看。引申為看望，引申為看待、對待義，高適詩：「猶作布衣看。」今有「看待」，同義連文也。

　　瞫 𥇀 shěn　　深視也。一曰：下視也。又，竊見也。从目，覃聲。〔式荏切〕

【注釋】

　　從覃之字多有深義，見前「嘾」字注。

　　睡 𥇓 shuì　　坐寐也。从目、垂。〔是偽切〕

【注釋】

　　本義是坐著打瞌睡，非今之睡覺。「坐寐」猶言坐而假寐，《左傳・宣公二年》：「盛服將朝，尚早，坐而假寐。」《戰國策・秦策》：「讀書欲睡，引錐自刺其股。」《史記・商君列傳》：「孝公既見衛鞅，語事良久，孝公時時睡，弗聽。」

　　上古睡覺謂之寢，不一定睡著，故有「就寢」；寐謂睡著，故有「久不能寐」；臥是靠在几上睡覺，故有「隱几而臥」，後指躺在床上，故有「臥鋪」「臥倒」，躺在床上也不一定睡著。眠本義指閉眼，同「瞑」，故有「死不瞑（眠）目」，如「目似眠，意暇甚」。後引申指睡覺，閉眼也不一定睡著。

　　中古以後，睡指睡著，與寐同義；又表示睡覺，與寢同義。今韓國語和衣而睡謂之「假寐」。

　　瞑 𥄼 mián（眠）　　翕目也。从目、冥，冥亦聲。〔臣鉉等曰：今俗別作眠，非是。〕〔武延切〕

【注釋】

　　此眠之古字也，《說文》無眠字。瞑古書常用同眠，後分化為二字，瞑音 míng，眠音 mián，義項亦有分工。睡眠不作瞑，瞑目不作眠。「瞑目」代指死，如「瞑目歸黃泉」。

　　眚 𤯦 shěng　　目病生翳也。从目，生聲。〔所景切〕

【注釋】

眼睛上長了層膜，今河南方言仍把眼睛上長了一層薄膜叫翳。引申為病、過失，《左傳》：「吾不以一眚而掩大德。」引申為災禍義，潘岳詩：「虞我國眚，窺我利器。」引申為疾苦，如「勤恤民隱，而除其眚」。罪過、災禍往往相關，孽、釁、眚皆有此二義。

瞥 瞥 piē   過目也。又，目翳也。從目，敝聲。一曰：財見也。〔普滅切〕

【注釋】

眼光掠過，匆匆一看。「瞥瞥」指短暫地出現，如「遊魚瞥瞥」。

眵 眵 chī   目傷眥也。從目，多聲。一曰：瞢兜。〔叱支切〕

【注釋】

「眵昏」謂目多眵而昏花。「一曰：瞢兜」，猶「兜眵」也，謂目光昏暗無神，又指愚昧無知。

瞽 瞽 miè   目眵也。從目，蔑省聲。〔莫結切〕

眒 眒 jué   涓目也。從目，夬聲。〔臣鉉等曰：當從決省。〕〔古穴切〕

【注釋】

驚視也。

䁪 䁪 liàng   目病也。從目，良聲。〔力讓切〕

眛 眛 mèi   目不明也。從目，未聲。〔莫佩切〕

【注釋】

從未之字、之音多有昏暗不明義，如昧（旦明也）、寐、黴（發黴則變黑）、煤、浼（污也）等，皆同源詞也。

瞯 瞯 xián   戴目也。從目，閒聲。江淮之間謂眄曰瞯。〔戶閒切〕

【注釋】

戴目，謂眼睛上視，露出白眼。又指窺視，《孟子》：「吾將瞷良人之所之也。」鷳為白鷳鳥，則瞷、鷳同源詞也。

眯 𥆪 mǐ　　艸入目中也。从目，米聲。〔莫禮切〕

【注釋】

指物體進入眼中。《字林》：「物入眼為病也。」非獨草也。

眺 𥆉 tiào　　目不正也。从目，兆聲。〔他弔切〕

【注釋】

今指遠視。本義是目不正，此古今義之不同也。

段注：「按《釋詁》《說文》皆云：覜，視也。然則覜望字不得作眺。《月令》：可以遠眺望。系假借。」

睞 𥅞 lài　　目童子不正也。从目，來聲。〔洛代切〕

【注釋】

今對子眼之類。引申向旁邊看，如「明眸善睞」。

睩 𥇐 lù　　目睞謹也。从目，录聲。讀若鹿。〔盧谷切〕

【注釋】

眼珠轉動，今眼睛「咕嚕一轉」之本字也。「睩睩」，目轉動貌。

瞦 𥈇 chōu　　眣也。从目，攸聲。〔敕鳩切〕 𥈇 瞦，或从丩。

【注釋】

段注：「唐人小說：『術士相裴夫人，目瞦而緩，主淫。』俗誤脩長之脩。」

眣 𥇎 chì　　目不正也。从目，失聲。〔丑栗切〕

矇 𥊩 méng（蒙）　　童矇也。一曰：不明也。从目，蒙聲。〔莫中切〕

【注釋】

本義是眼睛不明，有眸子而無見曰矇。「矇矓」謂目不明，如「睡眼矇矓」。今簡化歸併為蒙。

眇 眇 miǎo　　一目小也。從目，從少，少亦聲。〔亡沼切〕

【注釋】

本義是一隻眼小。後泛指瞎眼或瞎一隻眼，如戲稱瞎子為「眇君子」。引申眯著眼看，《漢書》：「離婁眇目於豪分。」

引申出微小義，今有「微眇」。又有高遠、遙遠義，通「渺」。屈原《哀郢》：「眇不知其所跖。」從少之字多有小義，如秒（禾芒也）、渺（微小）、藐（幼小、弱小）、杪（樹枝的細梢）等。

段注：「按眇訓小目，引申為凡小之稱，又引申為微妙之義。《說文》無妙字，眇即妙也。《史記》：戶說以眇論。即妙論也。《周易》：眇萬物而為言。陸機賦：眇眾慮而為言。皆今之妙字也。」

眄 眄 miǎn　　目偏合也。一曰：邪視也。秦語。從目，丏聲。〔莫甸切〕

睉 睉 luò　　眄也。從目，各聲。〔盧各切〕

盲 盲 máng　　目無牟子。從目，亡聲。〔武庚切〕

【注釋】

眼球沒有瞳人，即眼睛裏黑白不分，無瞳人則不能視物。盲者，茫也，不清楚也。

段注：「毛傳曰：無眸子曰瞍。鄭司農、韋昭皆云：有目無眸子謂之瞍。許云：目無牟子謂之盲。說與毛、鄭異。無牟子者，白黑不分是也，今俗謂青盲。」

青盲俗稱青光眼，有眸子而看不見的眼病，由眼內壓力增高所引起。症狀為視力逐漸減退，漸至失明，但眼的外觀沒有異常。西漢竇太后殆如是。

瞌 瞌 qià（瞌）　　目陷也。從目，咸聲。〔苦夾切〕

【注釋】

即瞎字。《說文》無瞎字。瞎是後起字，見《正字通》「瞎」字釋文。《廣雅》：

「瞅，陷也。」引申為凡陷之稱。

瞽 瞽 gǔ　　目但有朕也。从目，鼓聲。〔公戶切〕

【注釋】

瞽謂眼睛只有一條縫，有眼球並不全瞎，泛指瞎眼。舜的父親叫瞽叟，顧名思義瞎老頭也。古之樂師多為盲人，稱為瞽，《詩經》：「有瞽有瞽。」盲人多耳聰而審於音也。

瞍 瞍 sǒu（瞍）　　無目也。从目，叜聲。〔穌后切〕

【注釋】

隸變作瞍，沒有眼球。

段注：「無目與無牟子別。無牟子者，黑白不分。無目者，其中空洞無物。瞽者才有朕而中有珠子，瞍者才有朕而中無珠子，此又瞽與瞍之別。凡若此等皆對文則別，散文則通。」

「瞍」即瞎，指眼睛無眼球，無眼球則陷，故「瞅」釋為「目陷也」。「盲」指有眼球但無瞳人，無瞳人不能視物。有瞳人而無見曰「矇」。「瞽」有瞳人，但眼睛只有一條小縫，可微視物。此四者之別也。

據傳舜父瞽叟的眼睛是被強光射傷，並不全瞎，可以視物，故名瞽叟，而非盲叟、瞎叟、矇叟。「瞎（瞍）→盲→矇→瞽」程度依次降低。

瞥 瞥 yíng　　惑也。从目，榮省聲。〔戶扃切〕

【注釋】

此「熒惑」之本字也。熒、惑同義連文。《說文》：「熒，屋下燈燭之光。」非本字明矣。火星名熒惑，為其熒熒似火，行蹤捉摸不定也。

睉 睉 cuó（脞）　　目小也。从目，坐聲。〔臣鉉等曰：案《尚書》：元首叢睉哉。叢睉，猶細碎也。今从肉，非是。〕〔昨禾切〕

【注釋】

今通常作脞，常用詞為「叢脞」，瑣碎細小也。「矬」謂個子小，同源詞也。

取<ruby>睅</ruby> wò　　掐目也。从目、叉。〔烏括切〕

【注釋】

掔字從此聲。掔，腕之古字。

睇<ruby>睇</ruby> dì　　目小視也。从目，弟聲。南楚謂眄曰睇。〔特計切〕

【注釋】

常用義是斜視。常「睇眄」連用，同義連文也。

瞚<ruby>瞚</ruby> shùn（瞬）　　開合目數搖也。从目，寅聲。〔臣鉉等曰：今俗別作瞬，非是。〕〔舒問切〕

【注釋】

本義為眨眼睛。此「轉瞬即逝」之本字也。《說文》無瞬字，「一瞬間」者，謂一眨眼工夫也。

眙<ruby>眙</ruby> chì　　直視也。从目，台聲。〔丑吏切〕

【注釋】

目眙，直視貌。《史記·滑稽列傳》：「六博投壺，相引為曹，握手無罰，目眙不禁。」裴駰集解引徐廣曰：「眙，直視貌。」

眝<ruby>眝</ruby> zhù　　長眙也。一曰：張目也。从目，宁聲。〔陟呂切〕

【注釋】

長眙謂遠視也，如「眝美目其何望」。又睜大眼睛，如「眝目視之」。此《洛神賦》「翳修袖兮延佇」之本字也。

段注：「《外戚傳》：飾新宮以延眝。此眝正眝之誤，延眝謂長望也，凡辭章言延佇者，亦皆當作眝。《說文》無佇、竚字，惟有宁字，宁、佇、竚皆訓立，延眝非謂立也。」

眣<ruby>眣</ruby> xì　　恨視也。从目，兮聲。〔胡計切〕

【注釋】

謂怒視也，《三國志·許褚傳》：「褚瞋目眄之，超不敢動。」因與「盼」形近，習非成是，故也表示「盼倩」義，並有 pàn 音。《集韻》：「眄，美目貌。」《詩經》有的版本作「美目眄兮」。見前「盼」字注。

曹 曹 fèi　　目不明也。从目，弗聲。〔普未切〕

【注釋】

段注：「按此疑即眽之或字。」

文百三十　重八

瞼 瞼 jiǎn　　目上下瞼也。从目，僉聲。〔居奄切〕

【注釋】

眼皮也，今叫「眼瞼」。

眨 眨 zhǎ　　動目也。从目，乏聲。〔側洽切〕

眭 眭 huī　　深目也。亦人姓。从目，圭聲。〔許規切〕

【注釋】

目光深注的樣子，如「眭然能視」。今讀 suī，作姓氏。

眹 眹 zhèn　　目精也。从目，灷聲。〔案：勝字、賸，皆从朕聲。疑古以眹為朕。〕〔直引切〕

【注釋】

朕的後起字。目精者，瞳仁也。精，即睛字，《說文》無睛字。

眸 眸 móu　　目童子也。从目，牟聲。《說文》直作牟。〔莫浮切〕

【注釋】

童子，後作瞳子，即瞳仁也。「重童子」謂目中有兩個瞳人。舊時認為是一種異相、貴相。舜重瞳子，目美如花，故取名「重華」，項羽、晉文公、倉頡亦重瞳子。

今有「明眸善睞」。

睚 睚 yá 　　目際也。从目、厓。〔五隘切〕

【注釋】

睚、眥同義，皆眼角也。

文六　新附

䀠部

䀠 䀠 jù 　　左右視也。从二目。凡䀠之屬皆从䀠。讀若拘。又若「良士瞿瞿」。〔九遇切〕

【注釋】

此「瞿」之初文也。《說文》：「瞿，鷹隼之視也。」本義是驚視貌，《詩經》：「良士瞿瞿。」《字林》：「瞿，大視貌。」《禮記·雜記》：「見似目瞿，聞名心瞿。」

段注：「凡言瞿，或言瞿瞿，蓋皆䀠之假借，瞿行而䀠廢矣。」

䀲 䀲 juàn 　　目圍也。从䀠、卪。讀若「書卷」之卷。古文以為醜字。〔居倦切〕

奭 奭 jū 　　目邪也。从䀠，从大。大，人也。〔舉朱切〕

【注釋】

從䀠，䀠亦聲。

文三

眉部

眉 眉 méi 　　目上毛也。从目，象眉之形，上象頟理也。凡眉之屬皆从眉。〔武悲切〕

【注釋】

甲骨文作，象目上有毛之形。書頁上面的空白處叫書眉，今有「眉批」。

段注：「人老則有長眉，《豳風》《小雅》皆言眉壽，毛曰：豪眉也。又曰：秀眉

也。《方言》：「眉、黎、臺、鮐，老也。東齊曰眉。」《士冠禮》古文作麋，《少牢饋食禮》古文作微，皆假借字也。」

省 省 xǐng　　視也。从眉省，从屮。〔臣鉉等曰：屮，通識也。〕〔所景切〕

省 古文从少，从囧。

【注釋】

本義是看，今有「省親」。引申出宮禁義，省即宮也。「省中」謂宮禁之中。「省內」謂宮禁之內。後成為官署名，如「尚書省」。

段注：「省者，察也。察者，核也。漢禁中謂之省中，師古曰：言入此中者皆當察視，不可妄也。」

文二 重一

盾部

盾 dùn　　瞂也，所以扞身、蔽目。象形。凡盾之屬皆从盾。〔食問切〕

【注釋】

段注：「經典謂之干，《戈部》作戟。用扞身，故謂之干。毛傳曰：干，扞也。用蔽目，故字从目。」

瞂 fá　　盾也。从盾，犮聲。〔扶發切〕

【注釋】

中型的盾牌。

矜 kuī　　盾握也。从盾，圭聲。〔苦圭切〕

【注釋】

段注：「人所握處也，其背脊隆處曰瓦。」

文三

自部

自 ㊉ zì　　鼻也。象鼻形。凡自之屬皆从自。〔疾二切〕㊉ 古文自。

【注釋】

　　自的本義是鼻子，甲骨文作 𦣻，象鼻子形。自有 bí 音，《王部》「皇」下曰：「自讀若鼻。」後加聲符畀作鼻。常用義自己，「自如」「自若」者，謂像自己原來的樣子，不變常態也。「自卑」「自信」者，猶卑自、信自也，皆賓語前置。自有由於義，《漢書》：「侯自我得之，自我失之。」今有「自由」，由亦有此義，同步引申也。虛詞有即使義，《漢書》：「律令繁多，自明習者不知所由。」有假如義，常「自非」連用，如果不是，《三峽》：「自非亭午夜分，不見曦月。」

　　裘錫圭《文字學概要》：「在古漢字裏，為了區別一形多用的表意字形的不同用法，往往採用字形分化的方法……加注音符以區別不同用法的情況，大概也是存在的。古漢字裏，有少數形聲字，字義與形旁完全相同，例如『鼻』字從自、畀聲，自字本作 𦣻，像人鼻，本義就是鼻子。這種形聲字就有可能是在一形多用的表意字形上加注音符而造成的。也就是說，𦣻 本有 zì、bí 二音（《說文·王部》『皇』字下說『自讀若鼻』），代表兩個同義詞。後來才在表示『鼻』詞語的 𦣻 字上加注『畀』聲，分化出了『鼻』字。」

　　鵬按：若裘說是，則 𦣻 有 zì、bí 二音當是訓讀造成。語言中有 zì 和 bí 二同義詞，都表示鼻子這一概念（《說文》中既有音 zì 之自，也有音 bí 之鼻，都表示鼻子），bí 詞無字形，借用了同義詞 zì 詞的字形 𦣻，後來表 bí 詞的 𦣻 加「畀」聲符，分化出「鼻」字，zì 詞仍佔據原來字形 𦣻，再後來 zì 詞引申出自己義。當然也可能是 zì 詞無字形，借用了同義詞 bí 詞的字形 𦣻。𦣻 究為哪個詞造的字，今無從查考。

　　裘說不一定是，此例更可能是一種簡單的形借現象。上古語言中或許根本無音 zì、表鼻子義的「自」這個詞，文獻亦鮮用例。《說文》「皇」下曰：「自讀若鼻」，所以 𦣻 表鼻子，古音應該是 bí，不是 zì。「疾二切」乃徐鉉所加的《唐韻》音，不一定是古音。即使是古音，也可能是「自」的其他常用意義的古音，不一定專屬鼻子，因為徐鉉只是給「自」字注個音，不可能考慮是否必須與本義吻合。

　　語言中有音 zì、義為「自己」這一詞，這個詞產生很早，但無形體，故借用音 bí、表鼻子義的 𦣻 來表示。這樣造成一形多用，即 𦣻 一個形體在上古既可表示音 bí、義為「鼻」這個本詞，又可表示音 zì、義為「自己」這個詞。後在表「鼻」詞的 𦣻 上加聲符「畀」成「鼻」，而 𦣻 字為「自己」這個詞所專。早期文字的一形多用往往意義

有一定聯繫，如鳥和鳳，月和夕，夫和大，否則不容易聯想到一起。而「自己」和「鼻」這兩個詞意義是有聯繫的，即徐灝所說「人之自謂，或指其鼻」。

　　獟 獟 mián　　宀宀不見也。闕。〔武延切〕

【注釋】

　　邊從此聲。宀宀，細密貌。宀、獟同源詞也，《說文》：「瞼，目旁薄緻宀宀也。」《說文》：「寢，寢寢不見也。」

　　文二　重一

白部

　　白 白 zì　　此亦自字也。省自者，詞言之氣，從鼻出，與口相助也。凡白之屬皆從白。〔疾二切〕

【注釋】

　　此與白字字形無別。羅振玉《增訂殷虛書契考釋》：「許既以自、白為一字而分為二部者，以各部皆有所隸之字故也。」李孝定《金文詁林讀後記》：「二字皆獨體象形，同為一字，書法小異。」

　　皆 皆 jiē　　俱詞也。從比，從白。〔古諧切〕

【注釋】

　　本義是全部。引申出一塊、一同，《尚書》：「時日何喪，予及汝皆亡。」

　　魯 魯 lǔ　　鈍詞也。從白，鮺省聲。《論語》曰：參也魯。〔郎古切〕

【注釋】

　　本義是魯鈍。《釋名》：「魯，魯鈍也。國多山水，民性樸鈍。」按椎魯、魯莽皆即此。

　　者 者 zhě　　別事詞也。從白，朱聲。朱，古文旅字。〔之也切〕

【注釋】

　　區別事物的詞。即這那之本字也，這個、那個即區別事物。段注：「凡俗語云者

箇、者般、者回皆取別事之意，不知何時以迎這之這代之。這，魚戰切。」

六朝時期多用「堵」代「者」，「阿堵」猶言這、這個，「堵」通「者」，即這。《王梵志詩》：「尸櫪陰地臥，知堵是誰家？」

疇 𠃌 chóu（𡭔）　　詞也。从白，𡭔聲。𡭔與疇同。《虞書》：帝曰𡭔諮。〔直由切〕

【注釋】

今《尚書》作「疇」，假借字也。「𡭔與疇同」，此破假借也。

矯 簡 zhì（智）　　識詞也。从白，从于，从知。〔知義切〕𣁱古文矯。

【注釋】

即今智字。徐鍇曰：「於文，白（自）知為智。」《說文》無智字。段注：「此與《矢部》知音義皆同，故二字多通用。」

百 百 bǎi　　十十也。从一、白。數，十百為一貫，相章也。〔博陌切〕𦣻古文百，从自。

【注釋】

甲骨文作𦥑，于省吾《甲骨文字釋林》：「百字造字本意，係於白字中部附加一折角形的曲畫，作為指事字的標誌以別於白，而仍白字以為聲。」此即于省吾先生「附畫因聲指事字」之一例。從白，白亦聲。

文七　重二

鼻部

鼻 鼻 bí　　引氣自畀也。从自、畀。凡鼻之屬皆从鼻。〔父二切〕

【注釋】

從畀，畀亦聲。畀，與也。以畀釋鼻之得名，此釋義兼釋音也，此訓詁學之通訓。鼻有始義，《廣雅》：「鼻，始也。」「鼻祖」謂始祖；「鼻子」謂長子也。又器物上突出以供把握的部分，如「劍鼻」「印鼻」。鼻有孔義，「針鼻」謂針孔也。

段注：「自讀如今人言自家之自，自本訓鼻，引申為自家。」

齅 𪖫 xiù（嗅）　　以鼻就臭也。从鼻，从臭，臭亦聲。讀若畜牲之畜。〔許救切〕

【注釋】

此嗅之古字也。《說文》無嗅字。

軒 𪖝 hān　　臥息也。从鼻，干聲。讀若汗。〔侯幹切〕

鼽 𪖙 qiú　　病寒鼻窒也。从鼻，九聲。〔巨鳩切〕

【注釋】

鼻子堵塞不通。從九聲，聲兼義也。

齂 𪖸 xiè　　臥息也。从鼻，隸聲。讀若虺。〔許介切〕

【注釋】

本義是躺下休息。「齂呬」謂歇息也。《爾雅·釋詁》：「棲、遲、憩、休、齂、呬，息也。」清錢謙益《趙文毅公神道碑》：「數年來黨局妯騷，自今幸少得齂呬矣。」段注：「此與《尸部》屒音義並同，《篇》《韻》皆只云鼻息。」

文五

皕部

皕 𦥔 bì　　二百也。凡皕之屬皆从皕。讀若秘。〔彼力切〕

【注釋】

本義是二百。此《說文》「即形為義」之體例也。清陸心源之藏書樓名曰「皕宋樓」，謂藏二百本宋版書。

奭 奭 shì　　盛也。从大，从皕，皕亦聲。此燕召公名。讀若郝。《史篇》名醜。〔徐鍇曰：《史篇》謂所作《倉頡》十五篇也。〕〔詩亦切〕 奭 古文奭。

【注釋】

本義是盛大。《詩經》：「路車有奭。」後多為人名用字，漢元帝名劉奭，宋有孫

奭，注《孟子》，燕召公名姬奭。《莊子・秋水》：「奭然四解。」奭然，消散貌。

文二　重一

習部

習 $\Large{習}$ xí（习）　　　數飛也。从羽，从白。凡習之屬皆从習。〔似入切〕

【注釋】

习乃省旁俗字也。習之本義是鳥練習飛翔。甲骨文作 $\Large{習}$，郭沫若《卜辭通纂》：「从羽從日，蓋謂禽鳥於晴日學飛也，許誤。」

《禮記・月令》：「鷹乃學習。」左思《詠史》：「習習籠中鳥，舉翮觸四隅。」「習習」謂飛來飛去貌。又和舒貌，《詩經》：「習習谷風，以陰以雨。」「習」有熟悉義，今有「熟習」。又有習慣義，今有「習慣」。「近習」同義連文，「習」有親近義，謂帝王之親信也。

翫 $\Large{翫}$ wàn（玩）　　　習厭也。从習，元聲。《春秋傳》曰：翫歲而愒日。〔五換切〕

【注釋】

習厭謂習以為常，不以為意也。厭，滿足也。此「玩忽職守」之本字。《說文》分玩、翫為二字。玩者，弄也，乃「玩耍」本字。二字後常通用，今簡化歸併為一字。

文二

羽部

羽 $\Large{羽}$ yǔ　　　鳥長毛也。象形。凡羽之屬皆从羽。〔王矩切〕

【注釋】

饒炯《說文解字部首訂》：「謂鳥翅之長毛者，篆象兩翼未舒之形。」本義是鳥翅膀上的長毛，引申為翅膀義，如「振羽高飛」「奮羽」。又為鳥類的代稱，如「奇禽異羽」。又代指箭，如「負羽從軍」。

翅 $\Large{翅}$ chì　　　鳥之強羽猛者。从羽，是聲。〔俱豉切〕

【注釋】

本義是猛禽。又同「翅」，鳥的翅膀。

翰 𦑻 hàn　　天雞赤羽也。从羽，倝聲。《逸周書》曰：大翰，若翬雉，一名鷐風，周成王時蜀人獻之。〔侯幹切〕

【注釋】

本義是天雞，或叫錦雞、山雞。雞又叫「翰因」，見「鶾」字注。代指毛筆，今有「翰墨」，謂筆墨也。「染翰」謂以筆蘸墨也。代指文辭，如「翰藻」。代指書信，如「書翰」「華翰」「文翰」。

翟 𦐧 dí　　山雉尾長者。从羽，从隹。〔徒歷切〕

【注釋】

山，野也。本義是長尾野雞。古代手執翟羽舞蹈，《詩經》：「右手秉翟。」又指用翟羽裝飾的衣服、車子等，《詩經》：「翟茀以朝。」

翡 翡 fěi　　赤羽雀也，出鬱林。从羽，非聲。〔房味切〕

【注釋】

本義是鳥名，即翡翠鳥，與翠鳥同科異屬。

翠 翠 cuì　　青羽雀也，出鬱林。从羽，卒聲。〔七醉切〕

【注釋】

本義為翠鳥，又名魚狗。引申出綠色義，又指綠色的玉，如「珠翠」。

翦 𦏲 jiǎn　　羽生也。一曰：矢羽。从羽，前聲。〔即淺切〕

【注釋】

本義是新生的羽毛。常作為剪斷字。引申為殺戮、殲滅、消滅義。王筠《說文句讀》：「翦者謂新生之羽，整齊之狀也。」段注：「羽初生如前齊也。前，古之翦字，今之剪字。」

段注：「其始『前』為刀名，因為斷物之名。斷物必齊，因為凡齊等之稱。如

『實始翦商』，謂周之氣象始與商齊等，語本甚明。『前』古假借作翦，《召南》毛傳曰：翦，去也。今字作剪，俗。」

據段注，前之本義是剪斷，今表示前進義。古常用翦表示剪斷義，用翦表剪斷是假借字，剪是後起俗字。職能更替路徑為：歬→前→翦→剪。

翁 翁 wēng　　頸毛也。从羽，公聲。〔烏紅切〕

【注釋】

翁的本義是鳥頭上的毛。玄應《一切經音義》：「鳥頭上毛曰翁。翁，一身之最上。」鳥有名白頭翁者，蓋頭上有白羽也。段注：「俗言老翁者，假翁為公也。」《廣雅·釋親》：「翁，父也。」常用義是父親，如「家祭無忘告乃翁」。又岳父謂之翁，如「翁婿」；公公亦謂之翁，「翁姑」謂公婆也。

翅 chì　　翼也。从羽，支聲。〔施智切〕翅 翄，或从氏。

【注釋】

本義是翅膀。常通「啻」，但也、只也，《孟子》：「取食之重者與禮之輕者而比之，奚翅食重？」

翮 翮 gé　　翅也。从羽，革聲。〔古覈切〕

【注釋】

段注：「《小雅》：如鳥斯革。毛云：革，翼也。《韓詩》作翮，云：翅也。毛用古文假借字，韓用正字，而訓正同。」

翹 翹 qiáo　　尾長毛也。从羽，堯聲。〔渠遙切〕

【注釋】

今有「翹首」「翹望」。比喻特出，「翹才」，高才也。「翹楚」謂傑出的人才。
段注：「按尾長毛必高舉，故凡高舉曰翹。《詩》曰：翹翹錯薪。高則危，《詩》曰：予室翹翹。」

翭 翭 hóu　　羽本也。一曰：羽初生貌。从羽，侯聲。〔乎溝切〕

【注釋】

羽本謂羽毛中的硬管。

段注:「謂入於皮肉者也。按《詩》《周禮》鍭矢,《士喪禮》作猴矢,蓋此矢金鏃,候物而中,如羽本之入肉,故假借通用也。」

翮 翮 hé　　羽莖也。从羽,鬲聲。〔下革切〕

【注釋】

本義是羽毛中的硬管,泛指鳥的翅膀,如「願為比翼鳥,施翮起高翔」。今有「舉翮高飛」。

段注:「莖,枝柱也,謂眾枝之柱。翮亦謂一羽之柱,莖、翮雙聲。《唐風》:肅肅鴇行。毛曰:行,翮也。亦於雙聲求之。」

據段注,破假借可以以雙聲求之。

翑 翑 qú　　羽曲也。从羽,句聲。〔其俱切〕

【注釋】

從句之字多有彎曲義,見前「句」字注。

翌 翌 yì（翌）　　羽之翌風。亦古諸侯也。一曰:射師。从羽,开聲。〔五計切〕

【注釋】

俗字作翌,今通行。后翌者,善射之部落首領也,故謂之后。后者,君也,字不作後。

翥 翥 zhù　　飛舉也。从羽,者聲。〔章庶切〕

【注釋】

本義是鳥飛,今有「龍翔鳳翥」。

翕 翕 xī　　起也。从羽,合聲。〔許及切〕

【注釋】

常用義是合,「翕張」謂一合一開。引申出和好、和諧,《詩經》:「兄弟既翕,

和樂且濡。」「翕然」謂一致貌，又安定合諧貌，如「四海翕然」。「翕忽」，迅速貌也。

段注：「《釋詁》、毛傳皆云：翕，合也。許云『起也』者，但言合則不見起，言起而合在其中矣。翕从合者，鳥將起必斂翼也。」

翾 𦐃 xuān　　小飛也。从羽，睘聲。〔許緣切〕

【注釋】

低空飛翔，泛指飛翔。段注：「按《荀子》：喜則輕而翾。假翾為儇也。」

翬 𦐂 huī　　大飛也。从羽，軍聲。一曰：伊雒而南，雉五采皆備曰翬。《詩》曰：如翬斯飛。〔臣鉉等曰：當从揮省。〕〔許規切〕

【注釋】

常用義是振翅疾飛，又指具有五彩羽毛的野雞。從軍之字多有大義，見前「暉」字注。

翏 𦐑 liù　　高飛也。从羽，从㐱。〔力救切〕

【注釋】

寥、謬、繆等從此聲，從翏之字多有闊、高、大義。

翩 𦑣 piān　　疾飛也。从羽，扁聲。〔芳連切〕

【注釋】

本義是疾飛，引申出輕快敏捷義，如「翩若驚鴻」。「翩翩」，輕快貌，又有風度風采貌，今有「風度翩翩」。「翩躚」謂輕快地舞蹈。

翣 𦑏 shà　　捷也，飛之疾也。从羽，夾聲。讀若瀒。一曰：俠也。〔山洽切〕

【注釋】

《爾雅》：「翣，捷也。」今「霎時」之本字也。段注：「今俗語霎時者當作此。」

翊 𦑕 yì　　飛貌。从羽，立聲。〔與職切〕

【注釋】

常用義是輔助，明帝有朱翊鈞。翊，助也。鈞，製陶器之轉輪，喻權柄。「翊戴」謂輔佐擁戴；「翊贊」謂輔助也。「翊翊」恭敬貌，清人有吳翊寅，易學專家。寅，敬也。寅、恪，皆敬也，近人有陳寅恪。古通「翌」，「翊日」，明日也。

翋 𦐀 tà　　飛盛貌。从羽，从曰。〔臣鉉等曰：犯冒而飛，是盛也。〕〔土盍切〕

【注釋】

榻、蹋、遢從此聲。

翨 𦐂 chī　　飛盛貌。从羽，之聲。〔侍之切〕

【注釋】

之作聲符常形變，如蚩、寺皆從之聲。

翱 𦑇 áo　　翱翔也。从羽，皋聲。〔五牢切〕

【注釋】

盤旋飛謂之翱翔，又指悠閒遊樂貌，《詩經》：「魯道有蕩，齊子翱翔。」

段注：「翱，此復舉字之未刪者。《釋名》：『翱，敖也，言敖遊也。翔，佯也，言彷徉也。』按彷徉，徘徊也。」

翔 𦑔 xiáng　　回飛也。从羽，羊聲。〔似羊切〕

【注釋】

本義是盤旋著飛。常通「詳」，今有「翔實」。段注：「高注《淮南》曰：翼上下曰翱，直刺不動曰翔。」

翽 𦒄 huì　　飛聲也。从羽，歲聲。《詩》曰：鳳皇于飛，翽翽其羽。〔呼會切〕

【注釋】

翽翽，擬聲詞，鳥飛聲。段注：「《詩》釋文引《說文》：羽聲也。《字林》：飛聲

也。此俗以《字林》改《說文》之證。」

翯 翯 xué　　鳥白肥澤貌。从羽，高聲。《詩》云：白鳥翯翯。〔胡角切〕

【注釋】

白而有光澤。鶴，白鳥也。同源詞也。

翌 翌 huáng　　樂舞，以羽翿自翳其首，以祀星辰也。从羽，王聲。讀若皇。〔胡光切〕

翍 翍 fú　　樂舞，執全羽以祀社稷也。从羽，犮聲。讀若紱。〔分勿切〕

翿 翿 dào　　翳也，所以舞也。从羽，夀聲。《詩》曰：左執翿。〔徒到切〕

【注釋】

旗幟類舞具，古代羽舞或葬禮所用的旌旗，即羽葆幢。

翳 翳 yì　　華蓋也。从羽，殹聲。〔於計切〕

【注釋】

從殹之字多有覆蓋義，見前「殹」字注。本義是傘狀的儀仗。又指羽毛做的旗幟。引申出遮蔽義。又指眼睛上長的膜，影響視覺，亦得名於遮蔽，今河南方言仍有此語。

段注：「翳之言蔽也，引申為凡蔽之稱，在上在旁皆曰翳。」

翣 翣 shà　　棺羽飾也。天子八，諸侯六，大夫四，士二，下垂。从羽，妾聲。〔山洽切〕

【注釋】

本義是古代殯車棺旁的裝飾，又指古代儀仗中長柄的羽扇，今有「扇翣」。

文三十四　重一

翻 fān　　飛也。从羽，番聲。或从飛。〔孚袁切〕

【注釋】

翻之本義是飛。王維《輞川閒居》:「青菰臨水映，白鳥向山翻。」常「翻飛」連文，如「不能翻飛」。又通「反」，反切又作翻切。李白《猛虎行》:「胡馬翻銜洛陽草。」

翎 líng　　羽也。从羽，令聲。〔郎丁切〕

【注釋】

長毛叫翎，如「雁翎」「野雞翎」。

翃 hóng　　飛聲。从羽，工聲。〔戶公切〕

文三　新附

隹部

隹 zhuī　　鳥之短尾總名也。象形。凡隹之屬皆从隹。〔職追切〕

【注釋】

隹為短尾巴鳥之總稱，鳥為長尾巴鳥之總稱，故隹、鳥作偏旁時常可互換。「隹」通「惟」，助詞，用於句首，表發端。羅振玉《增訂殷虛書契考釋》:「隹、鳥古本一字，筆劃有繁簡耳。」

高鴻縉《中國字例》:「隹字全象鳥側立形，上古之時隹與鳥非二字，東周時乃漸分化。隹古音讀若堆，則與『都了切』為一聲之轉，其為一字之變無疑。」

段注:「短尾名隹，別於長尾名鳥。云總名者，取數多也。亦鳥名，『翩翩者雛』，夫不也，本又作隹。」雛，鵻鴿也。

雅 yǎ / yā（鴉）　　楚烏也。一名鸒，一名卑居，秦謂之雅。从隹，牙聲。〔臣鉉等曰:今俗別作鴉，非是。〕〔五下切〕，又〔烏加切〕

【注釋】

段注:「楚烏，烏屬，其名楚烏，非荊楚之楚也。《鳥部》曰:鸒，卑居也。即此物也。酈善長曰:『按《小爾雅》:純黑返哺謂之慈烏，小而腹下白，不返哺者謂之雅

烏。』」

名叫楚烏，非楚地之烏也。古雅、鴉乃異體字，後分工為二字二音，一文雅字，一烏鴉字。

雅常用義甚多，正、正確義，今有「雅正」，「雅言」謂規範的話，即今之普通話也。《爾雅》者，近正也。引申出敬辭，如「雅正」「雅鑒」。引申出平素、向來義，如「先帝雅聞其賢」。又副詞甚、很義，如「雅善鼓瑟」。「良」「好」亦有好、甚二義，同步引申也。「雅」有交往義，今有「無一日之雅」。

隻 隻 zhī（只） 鳥一枚也。从又持隹。持一隹曰隻，二隹曰雙。〔之石切〕

【注釋】

只、隻、衹之辨，見前「只」字注。本義是一隻鳥，引申為孤單，今有「形隻影單」。又指單數，「隻日」謂單數日。「隻眼」謂特別之見解，今有「獨具隻眼」。

甲骨文作 ，隻、獲同字。李孝定《甲骨文字集釋》：「隻為擒獲之本義，當為獲之古文，小篆作獲者，後起形聲字。」羅振玉《增訂殷虛書契考釋》：「隻、獲同形，得鳥曰隻，失鳥曰奞。」

雒 雒 luò 鵋鶀也。从隹，各聲。〔盧各切〕

【注釋】

鵋鶀謂貓頭鷹也，又名鴟鵂。《爾雅》：「鵅，鵋鶀。」雒之常用義是白鬃黑馬，又通「洛」，如「雒水」「雒陽」「雒邑」。見「洛」字注。

段注：「按自魏黃初以前伊雒字皆作此，與雍州渭洛字迥判。曹丕云：『漢忌水，改洛為雒。』欺世之言也，詳《水部》。」

䧹 䧹 lìn 今䧹，似雒鵌而黃。从隹，吝省聲。〔良刃切〕 䧹 籀文不省。

【注釋】

今䧹，水鳥名。《詩經》「脊令在原，兄弟急難」之本字也，亦作「脊鴒」「鶺鴒」。

巂 巂 guī 周燕也。从隹，屮象其冠也，冏聲。一曰：蜀王望帝婬其相妻，慚，亡去，為子巂鳥。故蜀人聞子巂鳴，皆起，云望帝。〔戶圭切〕

【注釋】

今子規鳥之本字也。子規即杜鵑，亦名布穀、杜宇、鶗鴂，叫聲淒慘，故成語有「子規啼血」。段注：「子嶲亦曰子規，即杜鵑也。」

《蜀王本紀》載，蜀王望帝杜宇禪位後化為杜鵑鳥，至春則啼，滴血則為杜鵑花；另說杜宇死後變為杜鵑鳥，每年春季，杜鵑鳥呼喚人們「快快布穀」，啼得流出了血，染紅了漫山的杜鵑花。李商隱《錦瑟》：「望帝春心託杜鵑。」白居易《琵琶行》：「杜鵑啼血猿哀鳴。」攜帶字從嶲得聲。

雓 雓 fāng　　鳥也。从隹，方聲。讀若方。〔府良切〕

【注釋】

王筠《說文句讀》謂即鴋鴋，一種水鳥，即赤頭鷺。段注：「此與《鳥部》鴋各物。」今作為鴋之異體。鴋，護田鳥。見「鴋」字注。

雀 雀 què　　依人小鳥也。从小、隹。讀與爵同。〔即略切〕

【注釋】

本義是麻雀。「讀與爵同」，破假借也。此會意字，為協調整個字形結構，漢字構件布局會作調整，故有些字的六書結構不易察覺。

段注：「今俗云麻雀者是也，其色褐，其鳴節節足足，禮器象之曰爵。爵與雀同音，後人因書小鳥之字為爵矣。又有似雀而色純黃者曰黃雀，《戰國策》云：俛啄白粒，仰棲茂樹。《詩》所謂黃鳥也。」《詩經》之黃鳥非黃鸝，乃黃雀也。見「雛」字注。

雅 雅 yá　　鳥也。从隹，犬聲。睢陽有雅水。〔五加切〕

雗 雗 hàn　　雗鷽也。从隹，倝聲。〔候榦切〕

【注釋】

雗即山喜鵲，又指白鷳。

雉 雉 zhì　　有十四種：盧諸雉、喬雉、鳽雉、鷩雉、秩秩鷷雉、翟山雉、翰雉、卓雉。伊洛而南曰翬，江淮而南曰搖，南方曰㿰，東方曰甾，北

方曰稀，西方曰蹲。从隹，矢聲。〔直几切〕古文雉，从弟。

【注釋】

雉即野雞，長尾。呂后名雉，為避諱，改稱雉為野雞。又代指城牆，如「樓雉」。

雊 gòu　雄雉鳴也。雷始動，雉鳴而雊其頸。从隹，从句，句亦聲。〔古候切〕

【注釋】

從句之字多有彎曲義，見前「句」字注。

雞 jī（鷄、鸡）　知時畜也。从隹，奚聲。〔古兮切〕籀文雞，从鳥。

【注釋】

雞，今簡化作鸡。又乃替代符號，非音非義。

雛 chú　雞子也。从隹，芻聲。〔士于切〕籀文雛，从鳥。

【注釋】

本義是小雞，泛指小鳥，《孟子》：「力不能勝一匹雛。」日語中小動物能用匹，貓、狗、蒼蠅、蚊子、鳥、兔皆可，如「七匹狼」「一匹猹」。

段注：「雞子，雞之小者也。《王制》：『春薦韭，韭以卵。』卵謂少雞，古者少雞亦曰卵。《方言》雞雛，徐魯之間謂之秋子。按雛引申為凡鳥子細小之稱。」

雡 liú　鳥大雛也。从隹，翏聲。一曰：雉之莫子為雡。〔力救切〕

離 lí（离）　黃，倉庚也，鳴則蠶生。从隹，离聲。〔呂支切〕

【注釋】

離黃，又名倉庚，今之黃鸝也。離，今簡化作离，省旁俗字也。離之常用義有離開，又有附著，正反同辭也。如「離騷」者，遭遇災難也。此義通「麗」，如「麗土之毛」。離有經歷義，如「離一二旬」，謂經歷一二十年也。

雕 diāo　鷻也。从隹，周聲。〔都僚切〕籀文雕，从鳥。

【注釋】

本義是大雕。彫的本義是裝飾、雕刻。二字古常通用，簡化漢字廢彫字。

雁 雁 yīng（鷹）　　鳥也。从隹，瘖省聲。或从人，人亦聲。〔徐鍇曰：鷹隨人所指撗，故从人。〕〔於陵切〕雁 籀文雁，从鳥。

【注釋】

今通行重文鷹字。雁，應從其聲。

雎 雎 chī（鴟）　　雎也。从隹，氐聲。〔處脂切〕雎 籀文雎，从鳥。

【注釋】

雎即今之鷂鷹也。鴟梟，則貓頭鷹也。

段注：「今江蘇俗呼鷂鷹，盤旋空中，攫雞子食之。《大雅》云：懿厥哲婦，為梟為鴟。《莊周》云『鴟得腐鼠』是也。《爾雅》有鴟鴞、怪鴟、茅鴟，皆與單言鴟者各物。」

雖 雖 shuì　　雎也。从隹，垂聲。〔是偽切〕

雃 雃 qiān　　石鳥。一名雝䳍，一曰：精列。从隹，幵聲。《春秋傳》秦有士雃。〔苦堅切〕

【注釋】

段注：「毛傳曰：脊令，雝渠也，飛則鳴，行則搖，不能自舍爾。《釋鳥》作鷛鴝，俗字也。精列者，脊令之轉語。」

雝 雝 yōng（雍）　　雝䳍也。从隹，邕聲。〔於容切〕

【注釋】

本義是水鳥名，即鷛鴝，或作脊令，音轉作精列。《詩·小雅·常棣》：「脊令在原，兄弟急難。」假借作雝和、雝容字，俗字作雍，乃隸變字形，今簡化字採之。

常用義是和諧，北京有「雍和宮」。「雍容」，舉止大方、從容不迫貌。又有堵塞、阻塞義，後加土作壅。段注：「經典多用為雝和、辟雝。隸變雍。」

雖 雖 qián　　鳥也。从隹，今聲。《春秋傳》有公子苦雖。〔巨淹切〕

雁 雁 yàn　　鳥也。从隹，从人，厂聲。讀若鴈。〔臣鉉等曰：雁，知時鳥。大夫以摯，昏禮用之，故从人。〕〔五晏切〕

【注釋】

　　鴈、雁，異體字也，今廢鴈。常用假的、偽造義，《韓非子》：「齊人曰：雁也，魯人曰：真也。」後加貝作「贗」。

雞 雞 lí　　雞黃也。从隹，黎聲。一曰：楚雀也。其色黎黑而黃。〔郎兮切〕

【注釋】

　　雞黃即離黃，黃鸝也。段注：「雞，《字林》省作鷪，又作鵹。鷪黃即離黃。」

雇 雇 hū　　鳥也。从隹，虍聲。〔荒烏切〕

【注釋】

　　一種鳥名，善飛。虧從此聲。

鴽 鴽 rú　　牟母也。从隹，奴聲。〔人諸切〕鴽 鴽，或从鳥。

雇 雇 hù　　九雇，農桑候鳥，扈民不婬者也。从隹，戶聲。春扈鳸盾，夏雇竊玄，秋雇竊藍，冬雇竊黃，棘雇竊丹，行雇唶唶，宵雇嘖嘖，桑雇竊脂，老雇鴳也。〔候古切〕鳸 雇，或从雩。鳸 籀文雇，从鳥。

【注釋】

　　雇之本義是鳥名，即九雇，一種候鳥。假借作雇傭字，段注：「今用為雇倩字。」顧字從雇得聲。今簡化字顧乃雇之草書楷化字形。顧頡剛被魯迅戲稱為「鳥頭先生」，即源於此。見「鯀」字注。竊，淺也。竊玄、竊藍，猶淺黑、淺藍也。

鶉 鶉 chún（鶉）　　雞屬。从隹，臺聲。〔常倫切〕

【注釋】

　　今作鶉，俗稱鵪鶉。古籍常用作「鷻」字，音 tuán，雕類猛禽，《詩經》：「匪雉

匪鳶，翰飛戾天。」毛傳：「雛，雕也。」

雛 [雛] ān 雛屬。从隹，酓聲。〔恩含切〕[籀] 籀文雛，从鳥。

【注釋】

雛雛即鵪鶉。

䳄 [䳄] zhī 鳥也。从隹，支聲。一曰：䳄度。〔章移切〕

䳑 [䳑] hóng 鳥肥大䳑䳑也。从隹，工聲。〔戶工切〕[鳿] 䳑，或从鳥。

【注釋】

䳑䳑，肥大貌。重文鳿，鴻字從之得聲。

敪 [敪] sàn 繳敪也。从隹，㪔聲。一曰：飛敪也。〔臣鉉等曰：繳，之若切。謂繳以取鳥也。〕〔穌旰切〕

【注釋】

段注：「按繳蓋字當作此，亦取先斂後放也。」㪔，今分散之本字。

雉 [雉] yì 繳射飛鳥也。从隹，弋聲。〔與職切〕

【注釋】

今弋射之本字也。《說文》：「弋，橛也。」本義是木橛子，非本字明矣。用帶繩子的箭射，射出後箭能找到。泛指射獵。段注：「經傳多假弋為之。」

雄 [雄] xióng 鳥父也。从隹，厷聲。〔羽弓切〕

【注釋】

從厷之字多有大義，如宏（屋子深大）、吰（聲音大）、汯（水大）、肱（大臂）、谹（山谷中大聲響）等。

雌 [雌] cí 鳥母也。从隹，此聲。〔此移切〕

【注釋】

　　從此之字多有小義，見前「些」「茈」等字注。「雌黃」，礦物名，可做顏料，古時用來塗改文字，如「妄下雌黃」。古代書紙常用黃檗汁染成黃色，以防蟲蠹，叫黃卷，用雌黃塗改，顏色相宜。

　　　罩 𦋺 zhào　　覆鳥令不飛走也。从网、隹。讀若到。〔都校切〕

【注釋】

　　罩謂捕魚的竹筐，同源詞也。

　　段注：「《网部》有罩，捕魚器也。此與罩不獨魚鳥異用，亦且罩非網罟之類。謂家禽及生獲之禽慮其飛走而籠罩之，故其字不入《网部》。今則罩行而罩廢矣。」

　　　雋 𨾴 juàn（隽）　　肥肉也。从弓，所以射隹。長沙有下雋縣。〔徂沇切〕

【注釋】

　　今隸變作隽。本義是鳥肉肥美、味道好，引申出文章含蓄有內容，常「雋永」連用。又通「俊」，如「英雋」。

　　　𨿠 𨿠 shuí　　飛也。从隹，𨼪聲。〔山垂切〕

　文三十九　重十二

奞部

　　　奞 𪅃 suí　　鳥張毛羽自奮也。从大，从隹。凡奞之屬皆从奞。讀若睢。〔息遺切〕

【注釋】

　　此「奮」之初文也。

　　　奪 𡝩 duó（夺）　　手持隹失之也。从又，从奞。〔徒活切〕

【注釋】

　　奪，今簡化作夺，省去中間部件所致。奪的本義是丟失，《論語·子罕》：「三軍可以奪帥，匹夫不可奪志。」奪，丟失也。古籍中漏掉的文字叫「奪文」或「脫

文」。爭奪義本字作「敚」，見「敚」字注。

段注：「引申為凡失去物之稱，凡手中遺落物當作此字，今乃用脫為之，而用奪為爭敚字，相承久矣。脫，消肉臞也。」

奮 𡚾 fèn（奋） 翬也。从奞在田上。《詩》曰：不能奮飛。〔方問切〕

【注釋】

奮，今簡化作奋，省去中間部件所致。本義為展翅高飛，常「奮飛」連用。引申為舉，今有「奮臂高呼」。引申為振作發揚，賈誼《過秦論》：「奮六世之餘烈。」今有「振奮」，同義連文。《羽部》曰：「翬，大飛也。」雉、雞、羊絕有力，皆曰奮。

文三

萑部

萑 𦯃 huán 鴟屬。从隹，从丫，有毛角。所鳴，其民有旤。凡萑之屬皆从萑。讀若和。〔胡官切〕

【注釋】

萑即貓頭鷹。旤，禍之異體字。「萑」乃「雚」之初文，後加聲符「吅」。本楊樹達說。

蒦 𦭒 huò（蒦） 規蒦，商也。从又持萑。一曰：視遽貌。一曰：蒦，度也。〔徐鍇曰：商，度也。萑，善度人禍福也。〕〔乙虢切〕 𪇰 蒦，或从尋，尋亦度也。《楚辭》曰：求矩蒦之所同。

【注釋】

蒦即蒦之初文，後加尋作蒦。「規蒦」，古語，同義連文，商度、謀劃也。規，謀也。今常用重文蒦，法度，尺寸也。「規蒦」即矩蒦也，今有「規矩」。度，法也，謀也。

雚 𦾑 guàn 小爵也。从萑，吅聲。《詩》曰：雚鳴于垤。〔工奐切〕

【注釋】

鸛之初文也。段注：「雚今字作鸛，鸛雀乃大鳥，各本作小爵，誤。《詩》曰：雚

鳴于垤，今《詩》作鸛。」《說文・鳥部》另有鸛字，云：「鸛專，畐蹂。」非今鸛雀字。見「鸛」字注。

舊 舊 jiù（旧、鵂）　　鴟舊，舊留也。从萑，臼聲。〔巨救切〕 鵂 舊，或从鳥，休聲。

【注釋】

今簡化作旧，省去上部構件並俗化所致。新舊字本字當作「久」。舊之本義為貓頭鷹，今通行重文鵂，「鵂鶹」即貓頭鷹。舊、鵂本一字之異體，後分別異用。

文四　重二

丫部

丫 丫 guǎi　　羊角也。象形。凡丫之屬皆从丫。讀若乖。〔工瓦切〕

乖 乖 guāi　　戾也。从丫而癶。癶，古文別。〔臣鉉等曰：癶，兵列切。篆文分別字也。〕〔古懷切〕

【注釋】

本義是違背不順，今有「乖張」「乖剌」等。乖巧是後起義。

芇 芇 mián　　相當也。闕。讀若宀。〔母官切〕

文三

苜部

苜 苜 miè　　目不正也。从丫，从目。凡苜之屬皆从苜。莧从此。讀若末。〔徐鍇曰：丫，角戾也。〕〔模結切〕

瞢 瞢 méng　　目不明也。从苜，从旬。旬，目數搖也。〔木空切〕

【注釋】

此懵懂字之初文也，後加心區別。本義是目不明，《山海經》：「甘棗之山有草焉，名曰蘀，可以已瞢。」引申出昏暗義，又有慚愧義，《小爾雅》：「瞢，慚也。」

段注：「按《小雅》：視天夢夢。夢與薨音義同也。又《左傳》：亦無薨焉。《小爾雅》：薨，慚也。此引申之義。」

莧 莧 miè　　火不明也。从苜，从火，苜亦聲。《周書》曰：布重莧席。織蒻席也。讀與蔑同。〔莫結切〕

蔑 蔑 miè　　勞目無精也。从苜，人勞則蔑然，从戍。〔莫結切〕

【注釋】

一句數讀，勞也，目無精也。疲勞，眼睛無精神，引申為小義，揚雄《法言·學行》：「視日月而知眾星之蔑也。」「蔑視」者，猶小視也。常用義有輕視、看不起，今有「輕蔑」。蔑、靡一語之轉，故蔑謂無、沒有也，今有「蔑以復加」，即無以復加也。

文四

羊部

羊 羊 yáng　　祥也。从丫，象頭角足尾之形。孔子曰：牛羊之字，以形舉也。凡羊之屬皆从羊。〔與章切〕

芈 羋 mǐ　　羊鳴也。从羊，象聲气上出。與牟同意。〔綿婢切〕

【注釋】

今羊叫咩之初文也。假借為楚國姓字，電視劇有《芈月傳》。「與牟同意」謂與「牟」之造字原理同，非謂義同也。

段注：「凡言某與某同意者，皆謂其製字之意同也。」

羔 羔 gāo　　羊子也。从羊，照省聲。〔古牢切〕

【注釋】

本義是小羊，泛指幼小的動物，如「狼羔」。

羜 羜 zhù　　五月生羔也。从羊，宁聲。讀若煮。〔直呂切〕

【注釋】

本義是羊羔。《詩經》：「既有肥羜，以速諸父。」「肥羜」猶今之小肥羊也。人之喜食小肥羊，自古已然。宁音 zhù，見前「寧」字注。

羥 羥 wù　　六月生羔也。从羊，孜聲。讀若霧。〔已遇切〕，又〔亡遇切〕

牵 牵 dá　　小羊也。从羊，大聲。讀若達。〔他末切〕牵 牵或省。

【注釋】

「讀若達」，以讀若破假借也。牵實乃達之初文。

羚 羚 zhào　　羊未卒歲也。从羊，兆聲。或曰：夷羊百斤左右為羚。讀若《春秋》：盟於洮。〔治小切〕

【注釋】

段注：「《廣雅》：吳羊牡一歲曰牯羚，三歲曰羝，其牝一歲曰牸羚，三歲曰羘。」

羝 羝 dī　　牡羊也。从羊，氐聲。〔都兮切〕

【注釋】

牡羊者，公羊也。今河南方言仍有此語。《周易》：「羝羊觸藩，羸其角，不能遂，不能退。」後「羝羊觸藩」形容進退兩難。

羒 羒 fén　　牡羊也。从羊，分聲。〔符分切〕

【注釋】

本義是白色的公羊。枌是白榆樹，同源詞也。

牂 牂 zāng　　牝羊也。从羊，爿聲。〔則郎切〕

【注釋】

牝羊者，母羊也。《詩·小雅·苕之華》：「牂羊墳首，三星在罶。」

羭 羭 yú　　夏羊牡曰羭。从羊，俞聲。〔羊朱切〕

【注釋】

夏者，黑也。本義是黑母羊，泛指母羊。郭注《爾雅》云：「白者吳羊，黑者夏羊。」

羖 𦍝 gǔ　　夏羊牡曰羖。从羊，殳聲。〔公戶切〕

【注釋】

本義是黑公羊，泛指公羊。「五羖大夫」謂百里奚也。《詩·小雅·賓之初筵》：「由醉之言，俾出童羖。」毛傳：「羖羊不童也。」「童羖」謂無角的公羊，喻絕對沒有的事物。

羯 𦏃 jié　　羊羖犗也。从羊，曷聲。〔居謁切〕

【注釋】

閹割過的公羊，泛指公羊。

羠 𦍩 yì　　騬羊也。从羊，夷聲。〔徐姊切〕

【注釋】

閹割過的羊。段注：「夏羊犗曰羯，吳羊犗曰羠也。《爾雅》《說文》皆無吳羊之名，單言羊則謂白羊也。」

羳 𦍲 fán　　黃腹羊。从羊，番聲。〔附袁切〕

羥 𦐓 kēng　　羊名。从羊，坙聲。〔口莖切〕

𦎎 𦎎 jìn　　羊名。从羊，執聲。汝南平輿有𦎎亭。讀若晉。〔臣鉉曰：執非聲，未詳。〕〔即刃切〕

羸 𦏤 léi　　瘦也。从羊，𦎧聲。〔臣鉉等曰：羊主給膳，以瘦為病，故从羊。〕〔力為切〕

【注釋】

羸，音 luǒ。本義是瘦弱，常用纏繞義。《周易》：「羝羊觸藩，羸其角，不能退，

不能遂。」當通「累」，「累」本義是繩子，有纏繞義。

羪 𦏧 wèi　　羊相羪也。从羊，委聲。〔於偽切〕

羪 𦏧 zì　　羪𦏧也。从羊，責聲。〔子賜切〕

群 羣 qún　　輩也。从羊，君聲。〔臣鉉等曰：羊性好群，故从羊。〕〔渠云切〕

【注釋】

　　本義是羊群，泛指同類，如「物以群分」。引申有聚集義，如「散則群之」。又引申有眾多義，今有「群眾」，同義連文也。

　　段注：「《犬部》曰：羊為群，犬為獨。引申為凡類聚之偁。」

羥 𦏵 yān　　群羊相羪也。一曰：黑羊。从羊，垔聲。〔烏閑切〕

【注釋】

　　此「殷紅」之本字也。段注：「《字林》有黶字，黑色也。《左傳》：左輪朱殷。只作殷。許意黑羊曰羥，借為凡黑之稱。」

羜 𦐨 cī　　羊名，蹄皮可以割黍。从羊，此聲。〔此思切〕

美 羑 měi　　甘也。从羊，从大。羊在六畜主給膳也。美與善同意。〔臣鉉等曰：羊大則美，故从大。〕〔無鄙切〕

【注釋】

　　本義是味道美。「美與善同意」，許書凡言「同意」者，謂造字原理同，非字義相同也。段注：「甘者，五味之一，而五味之美皆曰甘，引申之凡好皆謂之美。」

羌 羌 qiāng　　西戎，牧羊人也。从人，从羊，羊亦聲。南方蠻閩从虫，北方狄从犬，東方貉从豸，西方羌从羊，此六種也。西南方僰人，僬僥从人，蓋在坤地，頗有順理之性。唯東夷从大。大，人也。夷俗仁，仁者壽，有君子不死之國。孔子曰：「道不行，欲之九夷，乘桴浮於海。」有以也。〔去羊

切〕芈 古文羌如此。

【注釋】

常用為文言助詞，用在句首，無實義，《離騷》：「羌內恕己以量人兮，各興心而嫉妒。」「羌無故實」指不用典故或沒有出處。鍾嶸《詩品序》：「清晨登隴首，羌無故實；明月照積雪，詎出經史？」

姜 𦍋 yǒu　　進善也。从羊，久聲。文王拘羑里，在湯陰。〔與久切〕

【注釋】

此誘之古文也。誘者，導引也。今有「循循善誘」「誘導」。見「誘」字注。

文二十六　重二

羴部

羴 羴 shān（羶、羵）　　羊臭也。从三羊。凡羴之屬皆从羴。〔式連切〕

羵 羴，或从亶。

【注釋】

羴，羶之異體。古字三合同體構件者甚多，如三牛為犇，三魚為鱻，三馬為驫，三鹿為麤，三佳為雥，三土為垚等。

羼 羼 chàn　　羊相廁也。从羴在尸下。尸，屋也。一曰：相出前也。〔初限切〕

【注釋】

此攙雜之本字也。《說文》：「攙，刺也。」非本字明矣。常用義是摻雜，「羼入」謂攙入。「羼名」謂混入名藉。

文二　重一

瞿部

瞿 瞿 jù / qú　　鷹隼之視也。从佳，从䀠，䀠亦聲。凡瞿之屬皆从瞿。讀若章句之句。〔九遇切，又音衢〕

【注釋】

本義是驚視的樣子。《字林》：「瞿，大視貌。」《禮記·檀弓》：「公瞿然失席曰。」
段注：「經傳多假瞿為眲。」

瞿 𪅂 jué　　隹欲逸走也。从又，持之瞿瞿也。讀若《詩》云「穬彼淮
夷」之穬。一曰：視遽貌。〔九縛切〕

【注釋】

本義是驚慌張望的樣子，常「瞿瞿」連用，即「一曰：視遽貌」。

文二

雔部

雔 𠅧 chóu　　雙鳥也。从二隹。凡雔之屬皆从雔。讀若酬。〔市流切〕

【注釋】

此「讎侶」之初文也，後加言作「讎」。本義是雙鳥，引申為伴侶、匹配。引申
為相當，如「索此難讎之價」。「讀若酬」，許書以讀若破假借也。讎、酬同源詞也。

段注：「按《釋詁》：仇、讎、敵、妃、知、儀，匹也。此讎字作雔，則義尤切近。
若應也、當也、酬物價也、怨也、寇也，此等義則當作讎。度古書必有用雔者，今則
讎行而雔廢矣。」

靃 𩄻 huò（霍）　　飛聲也。雨而雙飛者其聲靃然。〔呼郭切〕

【注釋】

隸省作霍。李孝定《甲骨文字集釋》謂古文偏旁多寡隨意。本義是鳥急飛的聲
音。引申快速義，如「霍然病癒」。疾病有霍亂者，即急性傳染病也。今中原方言閃
電叫霍，「打霍」即打閃，亦得名於快。「電光霍霍」謂閃動快速貌。「霍霍」，又磨
刀聲也，今有「磨刀霍霍」。

段注：「從雨、雔，各本少此三字，今補。此字之本義也，引申為揮霍，為靃靡。
俗作霍。」「揮霍」有迅速義，今指花錢快。

雙 𩀛 shuāng（双）　　隹二枚也。从雔，又持之。〔所江切〕

—417—

【注釋】

本義是兩隻鳥。今簡化字作「双」，符號稱代俗字。段注：「《方言》：飛鳥曰雙，鴈曰乘。」

文三

雥部

雥 䨫 zá　　群鳥也。从三隹。凡雥之屬皆从雥。〔徂合切〕

【注釋】

本義是群鳥，引申為聚集，如「嘉眡雥集」。

雧 䨮 yuān　　鳥群也。从雥，鼎聲。〔烏玄切〕

【注釋】

淵為水聚，同源詞也。

雧 䨭 jí（集）　　群鳥在木上也。从雥，从木。〔秦入切〕 集 雧，或省。

【注釋】

隸變作集。本義為群鳥停留在樹上。《詩經‧周南‧葛覃》：「黃鳥于飛，集于灌木。」引申為聚集義，引申為停留義，《離騷》：「欲遠集而無所止兮，聊浮遊以逍遙。」

引申為成就、成功義，《左傳》：「此車一人殿之，可以集事。」今有「大業未集」。「集成」，《小爾雅》：「集，成也。」同義連文。段注：「引申為凡聚之偁，漢人多假雜為集。」

文三 重一

鳥部

鳥 鳥 niǎo（鸟）　　長尾禽總名也。象形。鳥之足似匕，从匕。凡鳥之屬皆从鳥。〔都了切〕

【注釋】

鸟乃草書楷化字形。長尾巴鳥叫鳥，短尾巴的叫隹。俗語屌謂之鳥，一語之轉

也，今浙江方言仍讀鳥為屌，今罵人曰：「這個鳥貨。」即屌貨也。顧頡剛被魯迅戲稱為「鳥頭先生」，即「屌頭先生」。《水滸傳》李魁說：「打到東京，殺了鳥皇帝。」

鳳 鳳 fèng（凤）　　神鳥也。天老曰：鳳之象也，鴻前麐後，蛇頸魚尾，鸛顙鴛思，龍文虎背，燕頷雞喙，五色備舉。出於東方君子之國，翱翔四海之外，過崑崙，飲砥柱，濯羽弱水，莫宿風穴，見則天下大安寧。从鳥，凡聲 [1]。〔馮貢切〕 多 古文鳳 [2]，象形。鳳飛，群鳥从以萬數，故以為朋黨字。鸞 亦古文鳳。

【注釋】

　[1] 凤乃符號稱代俗字。鳳，形聲字。風亦形聲字，從虫，凡聲。凡，上古屬談部，擬音為 buam。談部中古分化出凡韻，凡字是也；部分字讀東韻，風、鳳、芃是也，故這幾個字皆可以凡作聲符，古音同。

　[2]《說文》無朋、鵬。多 即朋字，鸞 即鵬字。《說文》以為朋、鳳乃重文關係，這是《說文》的文字系統。古無輕唇音，古鳳、朋同音。鵬實乃朋之後起分化字。鳳凰者，大鵬也。鳳凰古只作鳳皇，後類化才作鳳凰，顛倒之則為皇鳳。皇者，大也。皇鳳者，大鵬也。古者鳳為雄，凰為雌，故古曲有《鳳求凰》，乃司馬相如挑誘卓文君所奏者。鳳者，風也。鳳鳥因其「莫宿風穴」而得名。
　從甲骨文文字系統來看，朋、鳳為二字。朋作 玨玨，象兩串玉之形。本義是古代貨幣單位，五貝為一系，兩系為一朋。參見前「玨」字注所引王國維《釋玨朋》。《詩·小雅·菁菁者莪》：「既見君子，錫我百朋。」因為朋為兩串玉，故引申為朋友、朋黨義。甲骨文鳳作 象長羽鳥之形，後又加聲符凡，作 表義更明矣。甲骨文省體「鳳」作，甲骨文、金文「朋（佣）」作、二字形字音相混，遂誤而會朋黨之說。
　段注：「朋本神鳥，以為朋黨字。蓋朋者最初古文，鵬者踵為之者也。《莊子書》：化而為鳥，其名為鵬。崔云：古鳳字。」

鸞 鸞 luán　　亦神靈之精也。赤色五彩，雞形，鳴中五音，頌聲作則至。从鳥，䜌聲。周成王時氐羌獻鸞鳥。〔洛官切〕

【注釋】

　鸞乃草書楷化字形。鸞即青鳳也。據《禽經》，鳳有青鳳、赤鳳、黃鳳、白鳳、

紫鳳五色。赤色多者為鳳，青色多者為鸞，常伴西王母左右，又多為神仙坐騎，簫史乘龍，弄玉乘鸞，昇天而去。《詩》有「鸞鳳和鳴」，謂夫妻好合也，常用於祝人新婚。《聊齋誌異》有《青鳳》篇。

鷟　yuè　　鸑鷟，鳳屬，神鳥也。从鳥，獄聲。《春秋國語》曰：「周之興也，鸑鷟鳴於岐山。」江中有鸑鷟，似鳧而大，赤目。〔五角切〕

【注釋】

　　鸑鷟本指鳳凰之一種。《國語》：「周之興也，鸑鷟鳴於岐山。」韋昭注：「鸑鷟，鳳之別名也。《詩》云：『鳳皇鳴矣，于彼高岡。』其在岐山之脊乎？」《新編分門古今類事》：「鳳鳥有五色赤文章者，鳳也；青者，鸞也；黃者，鶷鶡也；紫者，鸑鷟也。」

　　又鸀鳿的別名，一種水鳥，形狀似鴨，長頸紅眼，古以為神鳥。李時珍《本草綱目》：「又江中有鸑鷟，似鳧而大，赤目。據此則鸀鳿乃鸑鷟聲轉，蓋此鳥有文采如鳳毛，故得同名耳。」

鷟　zhuó　　鸑鷟也。从鳥，族聲。〔士角切〕

鷫　sù　　鷫鷞也。五方神鳥也，東方發明，南方焦明，西方鷫鷞，北方幽昌，中央鳳凰。从鳥，肅聲。〔息逐切〕　　司馬相如說，从叜聲。

【注釋】

　　本義指傳說中的西方神鳥。《後漢書·五行志二》「五鳳皆五色」劉昭注引《葉圖徵》：「似鳳有四，並為妖：一曰鷫鷞，鳩喙，圓目，身義、戴信、嬰禮、膺仁、負智，至則旱役之感也。」唐楊炯《盂蘭盆賦》：「鳴鷫鷞與鸑鷟，舞鵷雛與翡翠。」明張萱《疑耀》卷二：「鳳之自西方至者曰鷫鷞，至則主疫，不祥鳥也。」

　　鷫鷞，又指一種水鳥，雁的一種，頸長，羽綠。《淮南子》：「馳騁夷道，釣射鷫鷞之謂樂乎？」高誘注：「鷫鷞，鳥名也，長頸綠身，其形似雁。」

鷞　shuāng　　鷫鷞也。从鳥，爽聲。〔所壯切〕

鳩　jiū　　鶻鵃也。从鳥，九聲。〔居求切〕

【注釋】

鶻鵃即斑鳩。常用有聚集義，今有「鳩聚」，《爾雅》：「鳩，聚也。」本字當作勼，聚也。又有安定義，今有「以鳩萬民」，又有度量土地義，《左傳》：「度山林，鳩藪澤。」

鶌 jué 　　鶌鳩也。从鳥，屈聲。〔九勿切〕

【注釋】

鶌鳩，一種小鳩，即斑鳩也。似山鵲而小，短尾，青黑色，多聲。

雊 sǔn（隼）　　祝鳩也。从鳥，隼聲。〔思允切〕 雋，或从隹、一。一曰：鶉字。

【注釋】

祝鳩即今鵻鴿。重文即今鷹隼字。準從之得聲，《說文》：「準，平也。从水，隼聲。」隼是猛禽，舊稱鶻。雊、隼本一字之異體，後分別異用。

鶻 gǔ 　　鶻鵃也。从鳥，骨聲。〔古忽切〕

【注釋】

鶻鵃，也叫鶻鳩，即斑鳩。《詩·衛風·氓》：「于嗟鳩兮，無食桑椹。」毛傳：「鳩，鶻鳩也。」

鵃 zhōu 　　鶻鵃也。从鳥，舟聲。〔張流切〕

鶪 jú 　　秸鶪，尸鳩。从鳥，軱聲。〔臣鉉等曰：軱，居六切，與籀同。〕〔居六切〕

【注釋】

尸鳩即布穀鳥。《詩經·曹風·鳲鳩》：「鳲鳩在桑，其子七兮，淑人君子，其儀一兮，其儀一兮，心如結兮。」傳說布穀鳥哺育幼鳥的時候，總是做到平均如一，早晨從上而下，傍晚從下而上，輪流反覆，故「尸鳩之平」喻君主公平對待臣民。

鴿 gē 　　鳩屬。从鳥，合聲。〔古沓切〕

【注釋】

段注：「鳩之可畜於家者，狀全與勃姑同。」今河南方言仍把鴿子叫「不鴿」，蓋鵓鴣之語轉也。

鴠 dàn　　渴鴠也。从鳥，旦聲。〔得案切〕

【注釋】

渴鴠，也作曷旦、鶡鴠，夜鳴求旦之鳥，即寒號鳥。

鶪 jú　　伯勞也。从鳥，臭聲。〔古闃切〕 鵙 鶪，或从隹。

【注釋】

伯勞，又叫鶪鳩，有的地區叫虎不拉。成語有「勞燕分飛」者，勞即伯勞鳥也。樂府詩有「東飛伯勞西飛燕」句，喻夫妻離別也。

鷚 liù　　天鸙也。从鳥，翏聲。〔力救切〕

【注釋】

亦稱雀百靈或小百靈，身體較小，嘴細長，尾巴長。

鸒 yù　　卑居也。从鳥，與聲。〔羊茹切〕

【注釋】

即烏鴉也。

鷽 xué　　𪅂鷽，山雀，知來事鳥也。从鳥，學省聲。〔胡角切〕 鸒 鷽，或从隹。

【注釋】

即山雀也。

鷲 jiù　　鳥，黑色，多子。師曠曰：南方有鳥，名曰羌鷲，黃頭赤目，五色皆備。从鳥，就聲。〔疾僦切〕

【注釋】

鷲即雕，今有「禿鷲」，《天龍八部》有靈鷲宮。

段注：「按《廣雅》：鷲、鶚、鷻、鷲，雕也，統言之。許雕、鷲為一，鷻為一，鶚為一，析言之。名羌鷲，此別一鳥，非鷲也。」

鴞 𪇵 xiāo　　鴟鴞，寧鴂也。从鳥，号聲。〔于嬌切〕

【注釋】

鴟鴞即寧鴂，一種小鳥，即巧婦鳥，似黄雀而小，取茅秀為窠，以麻紩之。鴟鴞者，貓頭鷹也。後世多混用，《詩經》有「鴟鴞」篇，指貓頭鷹。

段注：「雖鴞則為寧鴂，雖舊則為舊留，不得舉一雖字謂為同物，又不得因鴞與梟音近謂為一物，又不得因雖鴞與鴟鴞音近謂為一物也。雖舊不可單言雖，雖鴞不可單言鴞。凡物以兩字為名者，不可因一字與他物同謂為一物。」

鴂 𪇾 jué　　寧鴂也。从鳥，夬聲。〔古穴切〕

【注釋】

寧鴂，又作「鷦鴂」，巧婦鳥也。

鷸 𪅊 xù　　鳥也。从鳥，崇聲。〔辛聿切〕

魴 𪇂 fǎng　　澤虞也。从鳥，方聲。〔分兩切〕

【注釋】

魴即護田鳥。

鶛 𪇿 jié　　鳥也。从鳥，截聲。〔子結切〕

【注釋】

段注：「鶛之言尖也，小鳥名也。《篇》《韻》皆云小雞。」

鵡 𪇸 qī　　鳥也。从鳥，桼聲。〔親吉切〕

䴇 𪇟 dié　　鋪豉也。从鳥，失聲。〔臣鉉等曰：鋪豉，鳥名。〕〔徒結切〕

鶤 kūn　　鶤雞也。从鳥，軍聲。讀若運。〔古渾切〕

【注釋】

鶤雞，鳳凰的別稱。

鴫 ǎo　　鳥也。从鳥，芺聲。〔烏浩切〕

鴩 jú　　鳥也。从鳥，臼聲。〔居玉切〕

鷦 jiāo　　鷦鸼也，桃蟲也。从鳥，焦聲。〔即消切〕

【注釋】

似黃雀而小，一名鷦鷯，一名鷦鸼，一名桃雀、桃蟲，俗呼巧婦。常取茅葦毛毨為巢，大如雞卵，繫以麻髮，於一側開孔出入，甚精巧，故俗稱巧婦鳥。又名黃脰鳥、桃雀、桑飛等。《逍遙遊》：「鷦鷯巢於深林，不過一枝；偃鼠飲河，不過滿腹。」後「鷦鷯一枝」喻一個安身之處。

鸼 miǎo　　鷦鸼也。从鳥，眇聲。〔亡沼切〕

鶹 liú　　鳥少美長醜為鶹鷅。从鳥，留聲。〔力求切〕

【注釋】

鵂鶹為貓頭鷹，鶹即梟之別稱。「鶹鷅」也作「鶹鶹」，即梟也。

難 nán（難）　　鳥也。从鳥，堇聲。〔那干切〕鸛 難，或从隹。鸃 古文難。鸃 古文難。鸃 古文難。

【注釋】

今通行重文難。難之本義為鳥名，或謂金翅鳥。今假借為困難字。簡化字难，偏旁又非音非義，乃代替符號也。

由困難引申出反駁、責備，今有「駁難」「責難」。引申敵仇義，《戰國策》：「以與周武為難。」

鶨 chuàn　　欺老也。从鳥，彖聲。〔丑絹切〕

鴥　鴥　yuè　　鳥也。从鳥，兌聲。〔弋雪切〕

鴑　鴑　tǒu　　鳥也。从鳥，主聲。〔天口切〕

鶍　鶍　mín　　鳥也。从鳥，昏聲。〔武巾切〕

【注釋】

一種紅嘴鳥，形狀像翠鳥。《廣韻》：「鳥似翠而赤喙。」《玉篇》作鴖，作鶍。

鷯　鷯　liáo　　刀鷯，剖葦，食其中蟲。从鳥，寮聲。〔洛簫切〕

【注釋】

即鷦鷯，見上「鷦」字注。

鷃　鷃　yǎn　　鳥也，其雌皇。从鳥，匽聲。一曰：鳳皇也。〔於幰切〕

【注釋】

鳳凰的別稱。《爾雅》：「鷃鳳，其雌皇。」「鷃閣」謂鳳閣，中書省的別稱。

鴲　鴲　zhī　　暝鴲也。从鳥，旨聲。〔旨夷切〕

【注釋】

段注：「《廣韻》曰：小青雀也。按《廣韻》蓋謂即竊脂。」

鵅　鵅　luó　　鳥鸔也。从鳥，各聲。〔盧各切〕

【注釋】

段注：「郭云：水鳥也。按此與《隹部》雒音同義別。」

鸔　鸔　pú　　鳥鸔也。从鳥，暴聲。〔蒲木切〕

鶴　鶴　hè　　鳴九皋，聲聞于天。从鳥，隺聲。〔下各切〕

【注釋】

據說鶴可以壽千歲，故長壽謂之「鶴齡」，古有「鶴壽千歲，以極其遊」。佛寺或

佛寺旁的樹林謂之鶴林，宋羅大經有《鶴林玉露》。

鷺 𪀖 lù 白鷺也。从鳥，路聲。〔洛故切〕

【注釋】

翼大尾短，嘴直而尖，頸和腿很長，常見的有「白鷺」（亦稱「鷺鷥」）、「蒼鷺」「綠鷺」等。

鵠 𪁉 hú 鴻鵠也。从鳥，告聲。〔胡沃切〕

【注釋】

天鵝也。「鵠立」謂靜靜地站著等候。古箭靶中心畫鵠，故箭靶謂之鵠，「鵠的」謂箭靶中心，今謂目標也。見「侯」字注。段注：「凡經史言鴻鵠者，皆謂黃鵠也，或單言鵠，或單言鴻。」

鴻 𪀁 hóng 鴻鵠也。从鳥，江聲。〔戶工切〕

【注釋】

本義是天鵝。引申有大義，今有「鴻儒」。「鴻溝」原謂楚漢分界的一條水，今喻指大的界限。

段注：「鴻，此復舉字之未刪者。黃鵠一名鴻，有謂黃鵠者，此《詩》是也。單呼鵠，累呼黃鵠、鴻鵠。黃言其色，鴻之言㴼也，言其大也。」

鶖 𪃍 qiū（鶖） 禿鶖也。从鳥，未聲。〔臣鉉等曰：未非聲，未詳。〕〔七由切〕 𪆯 鶖，或从秋。

【注釋】

今通行重文鶖，即今禿鶖。

鴛 𪆯 yuān 鴛鴦也。从鳥，夗聲。〔於袁切〕

【注釋】

鴛鴦，雌雄偶居不離，古稱「匹鳥」。

段注：「《小雅》傳曰：鴛鴦，匹鳥也。《古今注》曰：雌雄未嘗相離。按鵽鵠者，

鴛鴦屬也。」

鴦 鸞 yāng　　鴛鴦也。从鳥，央聲。〔於良切〕

鵽 鵽 duó　　鵽鳩也。从鳥，叕聲。〔丁刮切〕

【注釋】

毛腿沙雞。段注：「郭云：鵽大如鴿，出北方沙漠地，俗名突厥雀。」

鵱 鵱 lù　　蔞鵝也。从鳥，坴聲。〔力竹切〕

【注釋】

鵱鷜，野鵝。段注：「《釋鳥》：鵱鷜，鵝。郭云：今之野鵝。」

鴚 鴚 gē　　鴚鵝也。从鳥，可聲。〔古俄切〕

【注釋】

鴚常用義是鴻雁。鴚鵝，即野鵝。

鵝 鵝 é　　鴚鵝也。从鳥，我聲。〔五何切〕

【注釋】

鴚鵝，即野鵝，又叫鴻雁。長脛善鳴，峨首似傲，故曰鵝。古亦指野鵝。

鴈 鴈 yàn（雁）　　鵝也。从鳥、人，厂聲。〔臣鉉等曰：从人，从厂，義無所取，當从雁省聲。〕〔五晏切〕

【注釋】

段注：「許以鴈為鵝，以雁為鴻雁，今不別。」鴈、雁今為異體字。野鵝即雁，又叫鴻雁。家鵝即鵝，叫舒雁。雁與鵝本一科。

古者結婚六禮皆以雁為摯，取其能互通往來也。或說雁配偶固定，冬去春來，乃誠信之鳥也。因雁不易捕捉，故常以鵝代之。今中原農村新娘婚後三天回門時帶兩隻雞，蓋古風之遺留於民間者也。常用義偽的、假的，後加貝作贗。《韓非子》：「齊人曰：雁也，魯人曰：真也。」

鶩 wù　　舒鳧也。从鳥，敄聲。〔莫卜切〕

【注釋】

野鴨謂之鳧，家鴨謂之鶩，又叫舒鳧。舒者，行遲緩，不畏人也。「雞鶩」比喻平庸之人，「雞鶩爭食」謂小人互爭名利。

鷖 yī　　鳧屬也。从鳥，殹聲。《詩》曰：鳧鷖在梁。〔烏雞切〕

【注釋】

即水鷗也。段注：「鷖，鷗也，一名水鴞。」

鶛 jié　　鶛鷝，鳧屬。从鳥，契聲。〔古節切〕

鷝 niè　　鶛鷝也。从鳥，辥聲。〔魚列切〕

鸏 méng　　水鳥也。从鳥，蒙聲。〔莫紅切〕

鷸 yù　　知天將雨鳥也。从鳥，矞聲。《禮記》曰：知天文者冠鷸。〔余律切〕鷸鷸，或从遹。

【注釋】

今有「鷸蚌相爭，漁翁得利」。鷸者，長喙水鳥也。

段注：「《釋鳥》：翠，鷸。李巡、樊光、郭璞皆云一鳥，許於《羽部》曰：翠，青羽雀也。合此條知其讀不同，各為一鳥。」

鸊 pì　　鸊鷉也。从鳥，辟聲。〔普擊切〕

鷉 tì　　鸊鷉也。从鳥，虒聲。〔土雞切〕

【注釋】

外形略像鴨而小，翅膀短，不善飛，生活在河流湖泊上的植物叢中，善於潛水，捕食小魚、昆蟲等。

段注：「按單呼曰鸕，絫呼曰鷱鸕。《方言》：野鳧其小而好沒水中者，南楚之外謂之鷿鷈，大者謂之鶻鷈。」

鸕 𪆰 lú 　鸕鶿也。从鳥，盧聲。〔洛乎切〕

【注釋】

鸕鶿即魚鷹，黑色，助捕魚鳥，或叫墨鴉。從盧之字多有黑義，如驢（驢多黑色）、壚（黑土）、黸（齊謂黑為黸）。

鶿 𪅻 cí 　鸕鶿也。从鳥，茲聲。〔疾之切〕

【注釋】

段注：「《釋鳥》：鷀，鵜。郭云：即鸕鶿也。按今江蘇人謂之水老鴉，畜以捕魚。鸕者謂其色黑也，鷀者謂其不卵而吐生，多者生八九，少生五六，相連而出，若絲緒也。有單言鸕者，《上林賦》：箴疵鷛鸕，《南都賦》：鴨鸕。有單言鷀者，《釋鳥》是也。」

鷾 𪃶 yì（鷖） 　　鷀也。从鳥，壹聲。〔乙冀切〕

【注釋】

今作鷖。水鳥也，即鸕鶿。「鷀也」，當作「鸕鶿也」。

鴄 𪇰 pì 　鴄鵖也。从鳥，乏聲。〔平立切〕

【注釋】

鵖鴄，戴勝鳥。頭頂羽冠長而闊，呈扇形，嘴長尖，形似啄木鳥。

鵖 𪄤 bí 　鴄鵖也。从鳥，皀聲。〔彼及切〕

鴇 𪇵 bǎo 　　鳥也，肉出尺蔵。从鳥，𠇂聲。〔博好切〕 𪈉 鴇，或从包。

【注釋】

鴇者，雁科，似雁而大，性好淫。據說此鳥類沒有雄性，只有雌性，通過與其他種類的鳥進行交配，然後繁殖，像「人盡可夫」的妓女，所以稱呼妓院老闆娘為老鴇，

也叫鴇兒、鴇母。

明朝朱權《丹丘先生論曲》:「妓女之老者曰鴇。鴇似雁而大,無後趾,虎紋,喜淫而無厭,諸鳥求之即就。」成語「鴇合狐綏」,喻男女之間發生不正當的關係。

鸜 𱚖 qú　　雍鸜也。从鳥,渠聲。〔強魚切〕

【注釋】

也作「雍渠」,即鶺鴒也,一種水鳥。《爾雅》:「鶺鴒,雍渠也。」

鷗 𱚙 ōu　　水鴞也。从鳥,區聲。〔烏侯切〕

【注釋】

水鴞,似野鴨。「浮鷗」謂鷗鳥,常比喻飄忽不定。

䮎 𱚛 bá　　鳥也。从鳥,犮聲。讀若拔。〔蒲達切〕

鷛 𱚜 yōng　　鳥也。从鳥,庸聲。〔余封切〕

【注釋】

一種嘴尖尾長的小鳥,鶺鴒也。

段注:「《上林賦》說水鳥有庸渠,《史記》作鷛渠。郭曰:鷛渠似鶩,灰色而雞足,一名章渠。按此鳥本單呼鷛也。」

鷁 𱚞 yì（鷁）　　鳥也。从鳥,兒聲。《春秋傳》曰:六鷁退飛。〔五歷切〕𱚟 鷁,或从䳒。𱚠 司馬相如說:鷁从赤。

【注釋】

水鳥。今《左傳》作「六鷁退飛」,《說文》無鷁字,乃後起字也。古船頭常畫鷁,後泛指船。後「六鷁退飛」成為一個典故,比喻記述準確或為學縝密有序。

鵜 𱚡 tí（鵜）　　鵜胡,污澤也。从鳥,夷聲。〔杜兮切〕𱚢 鵜,或从弟。

【注釋】

今通行重文鵜。大水鳥,嘴下有囊,捕得的魚存在皮囊中,《莊子》:「魚不畏網,

而畏鵜鶘。」按陸機《爾雅草木蟲魚鳥獸疏》:「鵜胡領下胡大如數升囊,若小澤中有魚,便群共抒水,滿其胡而棄之,令水竭盡,乃共食之,故曰淘河。」竭澤而漁,故魚畏之。今 NBA 有鵜鶘隊。

盛酒的革囊謂之鴟夷,本字當作「鵜」。《史記・伍子胥列傳》:「吳王聞之大怒,乃取子胥屍,盛以鴟夷革,浮之江中。」春秋時范蠡因自稱「鴟夷子皮」,故後人稱為「鴟夷」。

鴗 lì　　天狗也。从鳥,立聲。〔力入切〕

【注釋】

翠鳥的別稱,如「山鴗」「斑鴗」。

段注:「見《釋鳥》,郭曰:小鳥也,青似翠,食魚,江東呼為水狗。按今所在園池有之,謂之魚狗,亦謂之魚虎。」

鶬 cāng　　麋鴰也。从鳥,倉聲。〔七岡切〕鶬 或从隹。

【注釋】

常「鶬鴰」連用,亦稱「麋鴰」。水鳥名,似鶴,蒼青色,即白頂鶴。

鴰 guā　　麋鴰也。从鳥,昏聲。〔古活切〕

【注釋】

古鴰不單用,常「鶬鴰」連用,亦稱「麋鴰」。「老鴰」,烏鴉的俗稱。

鵁 jiāo　　鵁鶄也。从鳥,交聲。〔古肴切〕

【注釋】

鵁鶄,一種水鳥,即赤頭鷺。嘴長,腳高,體長約五十釐米。段注:「《漢書》作交精。按辭章家有單呼鶄者,《吳都賦》:『鶄鶴鵁鶄』。謂四鳥也。」

鶄 jīng　　鵁鶄也。从鳥,青聲。〔子盈切〕

鳽 jiān　　鵁鶄也。从鳥,幵聲。〔古賢切〕

【注釋】

段注：「鴘者古名，鮫鶄者今名，此與《隹部》雁各物。」

鸙 〔圖〕zhēn　　鸙鴜也。从鳥，箴聲。〔職深切〕

【注釋】

鸙鴜，一種黑色的水鳥。段注：「箴疵似魚虎而蒼黑色。鴜之言觜也。觜，口也。鸙鴜，蓋其味似針之銳。」

鴜 〔圖〕cí　　鸙鴜也。从鳥，此聲。〔即夷切〕

鶉 〔圖〕tuán　　雕也。从鳥，敦聲。《詩》曰：匪鶉匪鳶。〔度官切〕

【注釋】

簡省作鶉，又為鶉之異體，故鶉字一指鶴鶉，音 chún；一指大雕，音 tuán。

段注：「今《小雅·四月》匪鶉，鶉字或作鶉。毛曰：鶉，雕也。《隹部》隼下曰：一曰鶉字。鶉者鶉之省，鶉鶉字與《隹部》雜字別。經典鶉首、鶉火、鶉尾字當為鶉。《魏風》縣鶉、《內則》鶉羹字當為鶉，當隨文釋之。」

鳶 〔圖〕yuān（鳶）　　鷙鳥也。从鳥，屰聲。〔臣鉉等曰：屰非聲。一本从丫，疑从萑省。今俗別作鳶，非是。〕〔與專切〕

【注釋】

今作鳶，俗稱老鷹，紙鳶即風箏也。《說文》無鳶字。

鷳 〔圖〕xián（鷴）　　鵰也。从鳥，閒聲。〔戶間切〕

【注釋】

俗字作鷴。本義是鷳鷹，今常作白鷴字。白鷴鳥，一種水鳥。明清文官服飾「補子」圖案之一，五品官員。見「瞷」字注。

鷂 〔圖〕yào　　鷙鳥也。从鳥，䍃聲。〔弋笑切〕

【注釋】

即鷂鷹，又稱鷂子，猛禽，比鷹小。「紙鷂」謂風箏也。

鷢 <jué>　　白鷢，王鴡也。从鳥，厥聲。〔居月切〕

鴡 jū（雎）　　王鴡也。从鳥，且聲。〔七余切〕

【注釋】

今作雎。水鳥也，即魚鷹。《爾雅》：「鴡鳩，王鴡也。」郭璞注：「雕類，今江東呼之為鶚。」也作「雎鳩」，《詩經》：「關關雎鳩。」鶚謂之魚鷹，鸕鷀亦謂之魚鷹，同名異物也。

明李時珍《本草綱目・禽三・鶚》：「鶚，雕類也。似鷹而土黃色，深目好峙。雄雌相得，鷙而有別，交則雙翔，別則異處。能翱翔水上捕魚食，江表人呼為食魚鷹，亦啖蛇。《詩》云：關關雎鳩，在河之洲。即此。」

鸛 huān　　鸛專，冨踝。如鵲短尾，射之銜矢射人。从鳥，雚聲。〔呼官切〕

鸇 zhān　　鸇風也。从鳥，亶聲。〔諸延切〕 鷐 籀文鸇，从廛。

【注釋】

鸇，一種猛禽，似鷂鷹。又叫「鸇風」，亦作「晨風」。

鷐 chén　　鷐風也。从鳥，晨聲。〔植鄰切〕

鷙 zhì　　擊殺鳥也。从鳥，執聲。〔脂利切〕

【注釋】

本義是鷹、雕等猛禽，引申為勇猛、兇猛。《商君書》：「鷙而無敵。」今有「勇鷙」。

鴥 yù　　鸇飛貌。从鳥，穴聲。《詩》曰：鴥彼晨風。〔余律切〕

【注釋】

鳥疾飛的樣子。《詩經》：「鴥彼晨風，鬱彼北林。」或作「鴪」。

鷪 yīng　　鳥也。从鳥，熒省聲。《詩》：有鷪其羽。〔烏莖切〕

鴝 ❇ qú　　鴝鵒也。从鳥，句聲。〔其俱切〕

【注釋】

鴝鵒，即八哥。段注：「今之八哥也。」

鵒 ❇ yù　　鴝鵒也。从鳥，谷聲。古者鴝鵒不踰泲。〔余屬切〕❇ 鵒，或從隹，從臾。

鷩 ❇ biē　　赤雉也。从鳥，敝聲。《周禮》曰：孤服鷩冕。〔并列切〕

【注釋】

赤雉，即錦雞。

鵔 ❇ jùn　　鵔鸃，鷩也。从鳥，夋聲。〔私閏切〕

【注釋】

鵔鸃，赤雉，即錦雞。

段注：「鵔鸃，鷩也，似山雞而小，冠、背毛黃，腹赤，項綠，尾紅。按許云赤雉者，不必全赤，謂赤多也。《佞倖傳》曰：孝惠時，郎、侍中皆冠鵔鸃，貝帶。」

鸃 ❇ yí　　鵔鸃也。从鳥，義聲。秦漢之初，侍中冠鵔鸃冠。〔魚羈切〕

鸐 ❇ dí　　雉屬，戇鳥也。从鳥，適省聲。〔都歷切〕

鶡 ❇ hé　　似雉，出上黨。从鳥，曷聲。〔胡割切〕

【注釋】

指鶡雞，善鬥。

段注：「《後漢書·輿服志》：虎賁、羽林皆鶡冠。鶡者，勇雉也，其鬥對一死乃止，故趙武靈王以表武士，加雙鶡尾，豎左右為鶡冠。徐廣曰：鶡似黑雉，出於上黨。」

鶛 ❇ jiè　　鳥，似鶡而青，出羌中。从鳥，介聲。〔古拜切〕

鸚 yīng　　鸚鵡，能言鳥也。从鳥，嬰聲。〔烏莖切〕

鵡 wǔ（鸚）　　鸚鵡也。从鳥，母聲。〔文甫切〕

【注釋】

鸚鵡即鸚鵡。古無輕唇音，鵡即鵡也，《說文》無鵡字。

鷮 jiāo　　走鳴長尾雉也。乘輿以為防釳，著馬頭上。从鳥，喬聲。
〔巨嬌切〕

【注釋】

野雞的一種，尾長，可作裝飾品，邊走邊叫，性勇健，善鬥。《埤雅》薛綜曰：
「雉之健者為鷮，尾長六尺。」從喬之字多有高義，見前「蹻」字注。

鷕 yǎo　　雌雉鳴也。从鳥，唯聲。《詩》曰：有鷕雉鳴。〔以沼切〕

鸓 lěi　　鼠形，飛走且乳之鳥也。从鳥，畾聲。〔力軌切〕鸓籀文鸓。

【注釋】

鸓鼠，小飛鼠，形似鼯鼠，前後肢之間有寬大多毛的膜，尾長，能在樹間滑翔，
常在夜間活動。

段注：「郭云：狀如小狐，似蝙蝠，肉翅，飛且乳，其飛善从高集下，亦名飛鸓，
亦名鼺鼠。」

鷎 hàn　　雉肥鷎音者也。从鳥，軌聲。魯郊以丹雞祝曰：以斯鷎音赤
羽以去魯侯之疚。〔侯幹切〕

【注釋】

古同「翰」，即野雞。鷎音，又作翰音，雞也。《禮記·曲禮下》：「凡祭宗廟之
禮，羊曰柔毛，雞曰翰音。」後因以「翰音」為雞的代稱。成語「翰音於天」喻徒
有虛名。《周易·中孚》：「翰音登於天，貞凶。」王弼注：「翰，高飛也。飛音者，
音飛而實不从之謂也。」

鷃 yàn　　雇也。从鳥，安聲。〔烏諫切〕

【注釋】

鷃即麻雀，又名斥鷃。《逍遙遊》有斥鷃與鯤鵬。

鴆 🐦 zhèn　　毒鳥也。从鳥，冘聲。一曰：運日。〔直禁切〕

【注釋】

鴆鳥喜吃蛇，羽毛有毒。

鷇 🐦 kòu　　鳥子生哺者。从鳥，殼聲。〔口豆切〕

【注釋】

生下來待母餵哺的小鳥。朱駿聲《通訓定聲》：「生而須母哺者曰鷇，生而能自噣者曰雛。」

鳴 🐦 míng　　鳥聲也。从鳥，从口。〔武兵切〕

【注釋】

本義是鳥叫，引申表達、發表義，今有「鳴謝」「鳴屈」「鳴不平」。段注：「引申之凡出聲皆曰鳴。」

鶱 🐦 xiān　　飛貌。从鳥，寒省聲。〔虛言切〕

【注釋】

鶱表飛義，本字當是鶱。騫是高舉義，常用作人名，如張騫。鶱是高飛。騫、鶱同源詞也。

鳻 🐦 fēn　　鳥聚貌。一曰：飛貌。从鳥，分聲。〔府文切〕

【注釋】

分聲，聲兼義，言繽紛也。

文百十六　重十九

鷓 🐦 zhè　　鷓鴣，鳥名。从鳥，庶聲。〔之夜切〕

鴣 gū　　鷓鴣也。从鳥，古聲。〔古乎切〕

鴨 yā　　鶩也，俗謂之鴨。从鳥，甲聲。〔烏狎切〕

鵡 chì　　溪鵡，水鳥。从鳥，式聲。〔恥力切〕

【注釋】

　　鸂鶒，一種水鳥，形似鴛鴦而稍大，多紫色，雌雄偶遊。亦作「鸂鶒」，亦稱「紫鴛鴦」。

　　文四　新附

烏部

　　烏 wū（於）　　孝鳥也 [1]。象形。孔子曰：「烏，盱呼也。」取其助氣，故以為烏呼。凡烏之屬皆从烏。〔哀都切〕〔臣鉉等曰：今俗作嗚，非是。〕 古文烏，象形。 象古文烏省 [2]。

【注釋】

　[1] 烏鴉反哺，故稱孝鳥也。又稱慈烏、慈鴉。《本草綱目·禽部》：「慈烏：此鳥初生，母哺六十日，長則反哺六十日。」實則烏鴉反哺乃子虛烏有，烏鴉全身黑色，故稱為烏。

　　　從茲（玄）之字多有黑義，故黑色的水鳥叫鸕鶿，《說文》：「茲，黑也。从二玄。」「㝈，黑色也。」所以烏鴉又叫 ci 烏，寫作慈烏，受漢字形義一致觀念的影響，故演繹出烏鴉反哺之事。

　[2] 第二個古文即於字，按《說文》文字系統，烏、於乃異體字，後分別異用。段注：「取其字之聲可以助氣，故以為烏呼字，此發明假借之法。古者短言於，長言烏呼，於、烏一字也。」

　　舄 què（雒、鵲）　　雒也。象形。〔七雀切〕 雒篆文舄，从隹、昔。

【注釋】

　　今寫字從舄聲。

　　舄古籍常用義是厚木底鞋，乃古時最尊貴的鞋，多為帝王大臣所穿，音 xì。《詩

經・豳風・狼跋》：「赤舄几几。」崔豹《古今注》：「舄，以木置履下，乾腊不畏泥濕也。」後泛指鞋，「舄履」泛指鞋，《太平廣記》：「發棺視之，止衣舄而已。」又鹽鹵地謂之舄，後作「潟」，「舄鹵」謂鹽鹼地。又柱下石謂之舄，後作「碣」。

段注：「舄本雒字，自經典借為履舄字而本義廢矣。《周禮》注曰：複下曰舄，禪下曰履。《小雅》毛傳曰：『舄，達履也。』達之言重沓也，即複下之謂也。《釋名》曰：舄，腊也。複其下使乾腊也。」

焉 yān 　焉鳥，黃色，出於江淮。象形。凡字，朋者羽蟲之屬，烏者日中之禽，舄者知太歲之所在，燕者請子之候，做巢避戊巳，所貴者故皆象形，焉亦是也。〔有乾切〕

【注釋】

焉的本義是鳥名，今未審何鳥。假借為虛詞。

段注：「今未審何鳥也，自借為詞助而本義廢矣。古多用焉為發聲，訓為於，亦訓為於是。」

文三　重三

卷四下

華部

華 芈 bān　　　箕屬，所以推棄之器也。象形。凡華之屬皆从華。官溥說。〔北潘切〕

【注釋】

段注：「按《篇》《韻》皆音畢，此古今音不同也。」據段注，華當為畢之初文。畢之本義即捕鳥的長柄網，與箕形似也。二十八宿有畢宿，其頭端正是一籬箕形。

畢 畢 bì（毕）　　　田罔也。从華，象畢形。微也。或曰：由聲。〔臣鉉等曰：由音弗。〕〔卑吉切〕

【注釋】

罔，網之初文也。甲骨文作𗊒，本義是捕鳥的長柄小網。《詩經》：「鴛鴦于飛，畢之羅之。」二十八星宿有畢宿，因像長柄網之形而命名也。今簡化字作毕，乃另造簡化字。

段注：「《小雅》毛傳曰：畢所以掩兔也。《月令》注曰：罔小而柄長謂之畢。按《鴛鴦》傳云：畢掩而羅之。然則不獨掩兔，亦可掩鳥，皆以上覆下也。畢星主弋獵，故曰畢，亦曰罕車。《支部》曰：敥，盡也。今盡義通作畢。」

糞 𤲸 fèn（粪）　　　棄除也。从廾推華，棄采也。官溥說：似米而非米者，矢字。〔方問切〕

【注釋】

今簡化作粪，省去中間構件所致。糞之本義是掃除，糞土乃其引申義。又有動詞施肥義，今有「糞田」「糞地」。

段注：「古謂除穢曰糞，今人直謂穢曰糞，此古義今義之別也。凡糞田多用所除之穢為之，故曰糞。」

棄 qì（弃）　捐也。从廾推華棄之。从𠫓，𠫓，逆子也。〔臣鉉等曰：𠫓，他忽切。〕〔詰利切〕古文棄。籒文棄。

【注釋】

甲骨文作，李孝定《甲骨文字集釋》：「像納子箕中棄之之形，古代傳說中常有棄嬰之記載。」馬敘倫《說文解字六書疏證》：「蓋上古雜婚，生子屬母。及制為嫁娶，乃重父系，而亂交之俗，未盡去也。疑首子非己生，故棄首子。」周始祖后稷出生遭遺棄，故名棄。今簡化字作弃，實源自古文。

段注：「按字隸變作棄，中體似世。唐人諱世，故《開成石經》及凡碑板皆作弃，近人乃謂經典多用古文矣。」

文四　重二

冓部

冓 gòu　交積材也。象對交之形。凡冓之屬皆从冓。〔古候切〕

【注釋】

甲骨文作，象兩魚相遇之形。交積材者，交架材料也，實構之初文也。從冓之字多有相遇、對當義，見前「遘」字注。

段注：「按結冓當作此，今字構行而冓廢矣。《木部》曰：構，蓋也。義別。」

再 zài　一舉而二也。从一，冓省。〔作代切〕

【注釋】

一舉而二者，一個動作重複兩次。再的本義是兩次，今有「一而再，再而三」。引申為第二次，今有「一鞠躬，再鞠躬」。今又一次，古用復，不用再。

段注：「凡言二者，對偶之詞。凡言再者，重複之詞。一而又有加也。」

再 冓 chēng　　並舉也。从爪，冓省。〔處陵切〕

【注釋】

　　此稱舉、稱讚字之初文也。稱有舉起義，「稱兵」猶舉兵也。亦有列舉、舉薦義，《左傳》:「稱解狐，其仇也。」

　　段注:「凡手舉字當作再，凡偁揚當作偁，凡銓衡當作稱，今字通用稱。」

　　文三

幺部

幺 ǒ yāo　　小也。象子出生之形。凡幺之屬皆从幺。〔於堯切〕

【注釋】

　　四川方言小兒子作「幺兒」，小妹作「幺妹」。或作「細兒」「細妹」，「細」亦小也。俗謂一為幺，謂其小也。《古今韻會舉要》:「幺，俗作么。」

　　段注:「《通俗文》曰:不長曰幺，細小曰麼。許無麼字。子初生，甚小也，俗謂一為幺，亦謂晚生子為幺，皆謂其小也。」

幼 幼 yòu　　少也。从幺，从力。〔伊繆切〕

【注釋】

　　幼妙，微小、細小也。又寫作「幼眇」「要妙」「幽眇」。

　　文二

麼 麼 mó（麼、么）細也。从幺，麻聲。〔亡果切〕

【注釋】

　　俗字作麼，簡化作么。本義是細小，也合稱「幺麼」，微小也，如「幺麼小丑」。「麼蟲」謂細小的蟲。「麼人」謂小人，姦邪之人。「麼麼」謂微細的樣子。

　　文一　新附麼

丝部

丝 丝 yōu　　微也。从二幺。凡丝之屬皆从丝。〔於虯切〕

【注釋】

此幽之初文。微，隱也。

幽 _幽 yōu　　隱也。从山中丝，丝亦聲。〔於虯切〕

【注釋】

本義是昏暗不明。《詩經》：「出自幽谷，遷于喬木。」又深也，如「幽思」。又囚禁義，今「幽禁」。引申為陰間，如「幽靈」「幽明兩隔」。

幾 _幾 jī（几）　　微也，殆也。从丝，从戍。戍，兵守也。丝而兵守者，危也。〔居衣切〕

【注釋】

古幾、几有別，《說文》：「几，踞几也。」几本義是茶几類，古人臥所憑者也。幾之本義為隱微不明，今簡化歸併為几。引申為苗頭或預兆，《易經》：「君子見幾而作。」又表示事物、政事，今有「日理萬機」，常寫作「萬幾」。殆者，將近也，故幾有將近義，《論積貯疏》：「漢之為漢，幾四十年矣。」

　　文三

叀部

叀 _叀 zhuān　　專小謹也。从幺省。屮，財見也，屮亦聲。凡叀之屬皆从叀。〔職緣切〕 _叀 古文叀。 _叀 亦古文叀。

惠 _惠 huì　　仁也。从心，从叀。〔徐鍇曰：為惠者心叀也。〕〔胡桂切〕 _惠 古文惠，从卉。

【注釋】

本義是仁慈、仁愛。引申為愛，《爾雅》：「憐、惠，愛也。」如「慈母折枝笞兒，其惠存焉」。又有柔順義，《爾雅》：「若、惠，順也。」今有「惠風和暢」。又恩惠，用於敬辭，常用在表對方發出動作的動詞前，《左傳》：「君惠徼福於鄙邑之社稷。」今有「惠臨」「惠顧」。經傳或假惠為慧。

疐 圖 zhì（躓）　　礙不行也。从叀，引而止之也。叀者，如叀馬之鼻。从冂，此與牽同意。〔陟利切〕

【注釋】

本義是遇到障礙。「滯疐」謂阻礙不通。又有絆倒義，今有「跋前疐後。」又寫作「躓」，《詩經》：「狼跋其胡，載疐其尾。」狼前進時會踩著下巴底下垂著的肉，後退又會被尾巴絆倒，比喻進退兩難。許書言「某與某同意」者，謂二字造字原理同，非謂二字義同也。

文三　重三

玄部

玄 ８ xuán　　幽遠也。黑而有赤色者為玄，象幽而入覆之也。凡玄之屬者皆从玄。〔胡涓切〕 ８ 古文玄。

【注釋】

本義是幽深，引申出玄虛義，引申出黑義。「玄雲」，黑雲也。天玄地黃，引申出天空義，「上玄」者，上天也。王筠《說文句讀》：「幺、玄二字古文本同體，特兩音兩義耳，小篆始加『入』以別之。」

茲 ８８ zī（茲）　　黑也。从二玄。《春秋傳》曰：何故使吾水茲？〔子之切〕

文二　重一

玈 餘 lú　　黑色也。从玄，旅省聲。義當用黸。〔洛乎切〕

【注釋】

玈弓，黑弓也。玈矢，黑箭也。

文一　新附

予部

予 ８ yǔ　　推予也。象相予之形。凡予之屬皆从予。〔余呂切〕

【注釋】

　　段注：「予、與古今字。《釋詁》曰：台、朕、賚、畀、卜、陽，予也。按推予之予，假借為予我之予，其為予字一也。故台、朕、陽與賚、畀、卜皆為予也。《爾雅》有此例，《廣雅》尚多用此例。予我之予，《儀禮》古文、《左氏傳》皆作余。鄭曰：余、予古今字。」

　　段注揭示了《爾雅》「二義同條」的體例。

　　舒 𦨶 shū　　伸也。从舍，从予，予亦聲。一曰：舒緩也。〔傷魚切〕

【注釋】

　　本義是伸展，引申為舒緩。舒即緩也，慢也。

　　幻 𢆶 huàn　　相詐惑也。从反予。《周書》曰：無或譸張為幻。〔胡辦切〕

【注釋】

　　幻之本義為欺詐。「幻惑」，迷惑也。引申為虛假、怪異，「幻怪」，怪異也。

　　文三

放部

　　放 㪛 fàng　　逐也。从攴，方聲。凡放之屬皆从放。〔甫妄切〕

【注釋】

　　本義是放逐，《屈原列傳》：「屈原既放。」引申為放縱，如「賊不可放」。「放火」又叫縱火。

　　敖 𢾃 áo　　出遊也。从出，从放。〔五牢切〕

【注釋】

　　此字《出部》重出。「出」隸變作「士」，賣同此。今遨之初文也。本義是遊玩，《詩經》：「以敖以遊。」

　　段注：「《邶風》曰：以敖以遊。敖、遊同義也，經傳假借為倨傲字。」

　　敫 𣁾 jiǎo　　光景流也。从白，从放。讀若龠。〔以灼切〕

【注釋】

「光景」，日光也。「光景流」，猶日光閃耀也。故「敫」有白、明亮義。「敫然」，顯明貌。此「皦」之初文也。《詩經》：「有如皦日。」皦，明亮貌。《方言》：「皦，明也。」

文三

受部

受 𩜁 biào　　物落，上下相付也。从爪，从又。凡受之屬皆从受。讀若《詩》：摽有梅。〔平小切〕

【注釋】

今《詩經‧召南‧摽有梅》「摽」字之本字也。「摽有梅」者，梅子落地也。《說文》：「摽，擊也。」非本字明矣。許書有用讀若破假借之例。

段注：「毛曰：摽，落也。按：摽，擊也。《毛詩》摽字，正受之假借，《韓詩》作受是正字，《毛詩》作摽是假借字。」

爰 𠃅 yuān　　引也。从受，从于。籀文以為車轅字。〔羽元切〕

【注釋】

甲骨文作 𠂺，乃援引字之初文也。李孝定《甲骨文字集釋》：「爰字象二人相引之形，自爰假為語詞，乃復製從手之援以代爰。」爰作虛詞，有於是義，《碩鼠》：「樂土樂土，爰得我所。」今有「爰書其事以告」。作句首語氣詞，《詩經》：「爰居爰處，爰喪其馬。」後「爰居」表示遷居。又有何處、哪裏義，今有「爰其適歸」。

𤔔 𤔔 luàn　　治也。幺子相亂，受治之也。讀若亂同。一曰：理也。〔徐鍇曰：冂，坰也，界也。〕〔郎段切〕 𤔔 古文𤔔。

【注釋】

今亂之初文也。《尚書》：「予有亂臣十人。」亂，治也，則本字當為𤔔。「讀若亂同」者，破假借也。亂有治義，又有亂義，這類正反同辭，蓋由假借造成。

段注：「一曰：理也。與治無二義，當由唐人避諱，致此妄增。」

受 𠬪 shòu　　相付也。从受，舟省聲。〔殖酉切〕

【注釋】

甲文作 ![字], 林義光《文源》:「象相受授形, 舟聲, 受授二字古皆作受。」接受、給與都叫受, 正反同辭也。後來給與義寫作「授」, 分其一義。

接受引申為遇到、遭到義, 今有「遭受」, 如「一夫不耕, 或受之饑」。引申出適合義, 今有「受用」「受聽」。段注:「《尚書》紂字,《古文尚書》作受。」

叓 ![字] liè　　撮也。从受, 从己。〔臣鉉等曰:己者, 物也。又、爪撝取之, 指事。〕〔力輟切〕

爭 ![字] zhēng　　引也。从受、厂。〔臣鉉等曰:厂音曳。受, 二手也。而曳之, 爭之道也。〕〔側莖切〕

【注釋】

本義是爭奪。虛詞有怎麼、如何義, 乃「怎」之一語之轉也, 如「爭知」「爭不」。段注:「凡言爭者, 皆謂引之使歸於己。」

叚 ![字] yǐn　　所依據也。从受、工。讀與隱同。〔於謹切〕

【注釋】

本義是依靠, 今「隱几而臥」之本字也。《說文》:「隱, 蔽也。」非本字明矣。許書「讀與某同」者, 或注音, 或破假借, 此破假借也。

段注:「此與《阜部》隱音同義近, 隱行而叚廢矣。凡諸書言安隱者當作此, 今俗作安穩。」

寽 ![字] lǜ　　五指持也。从受, 一聲。讀若律。〔呂戌切〕

【注釋】

今捋之初文。《說文》:「捋, 取易也。」後起字也。

敢 ![字] gǎn（敢）　　進取也。从受, 古聲。〔古覽切〕![字] 籀文敢。![字] 古文敢。

【注釋】

今通行籀文敢。段注:「今字作敢, 叚之隸變。」

本義是勇敢，今有「果敢有為」。引申作謙辭，有冒昧義，如「敢問」「敢布腹心」。又表示反問，有豈敢義，如「敢不供給」？今有莫非義，如「敢是哥哥回來了」？「敢自」，原來也，如「敢自是你」。又自然、當然也，如「那敢自好了」。

文九　重三

奴部

奴 床 cán　　殘穿也。从又，从歺。凡奴之屬皆从奴。讀若殘。〔昨干切〕

【注釋】

餐從此聲。

叡 叡 hè（壑）　　溝也。从奴，从谷。讀若郝。〔呼各切〕壑叡，或从土。

【注釋】

今通行重文壑。段注：「凡穿地為水瀆皆稱溝，稱叡。《毛詩》：實墉實壑。謂城池也。鄭伯有為窟室飲酒，人謂之壑谷。」

叡 叡 gài　　奴探堅意也。从奴，从貝。貝，堅寶也。讀若概。〔古代切〕

奪 jǐng　　坑也。从奴，从井，井亦聲。〔疾正切〕

叡 叡 ruì（睿）　　深明也，通也。从奴，从目，从谷省。〔以芮切〕叡古文叡。壡籀文叡，从土。

【注釋】

今通行古文睿。本義是明智通達，看得深遠，今有「睿智」。

文五　重三

歺部

歺 è　　列骨之殘也。从半冎。凡歺之屬皆从歺。讀若櫱岸之櫱。〔徐鍇曰：冎，剔肉置骨也。歺，殘骨也，故从半冎。〕〔臣鉉等曰：義不應有中一，秦刻石文有之。〕〔五割切〕 古文歺。

【注釋】

今作偏旁隸變為歹，故從歹之字多與死相關。

殘 wěi（痿）　　病也。从歺，委聲。〔於為切〕

【注釋】

同痿字。段注：「《艸部》曰：菸，一曰：殘也。菸、殘雙聲。《廣韻》曰：殘，枯死也。萎，蔫也。按殘、萎古今字，菸、蔫古今字。」

殙 hūn　　瞀也。从歺，昏聲。〔呼昆切〕

【注釋】

今昏瞶之後起本字也。《說文》：「惛，不憭也。」同源詞也。

殰 dú　　胎敗也。从歺，賣聲。〔徒谷切〕

【注釋】

胎兒死在腹中，或作瀆。

歾 mò（歿）　　終也。从歺，勿聲。〔莫勃切〕 殁，或从夐。

【注釋】

今通行重文歿。

殚 zú　　大夫死曰殚。从歺，卒聲。〔子聿切〕

【注釋】

此卒之後起本字也。段注：「字皆作卒，於《說文》為假借。」

殊 𣨬 shū　　死也。从歺，朱聲。《漢令》曰：蠻夷長有罪，當殊之。〔市朱切〕

【注釋】

殊之本義為死，今有「殊死搏鬥」。殊，斷也，「祝髮文身」者，祝，斷也，殊、祝一語之轉也。殊，遠也，今有「懸殊」，懸亦遠也，同義連文。古者邊地曰縣，縣者，遠也。又特別也，今有「特殊」。又很也，甚也，《戰國策》：「老臣今者殊不欲食。」即特不想吃飯。特、殊有相同二義，同步引申也。

段注：「凡漢詔云殊死者，皆謂死罪也。死罪者首身分離，故曰殊死，引申為殊異。凡言殊異、殊絕皆引申之義。古殊殺字作殊，與誅責字作誅迥別矣。」

殟 𣨡 wēn　　胎敗也。从歺，昷聲。〔烏沒切〕

【注釋】

突然失去知覺，段注改作「暴無知也」。

殤 𣨡 shāng　　不成人也。人年十九至十六死為長殤，十五至十二死為中殤，十一至八歲死為下殤。从歺，傷省聲。〔式陽切〕

【注釋】

未成年死叫殤。又指戰死者，如「國殤」。殤者，男女未冠笄而死，可傷者也。

殂 𣨡 cú　　往死也。从歺，且聲。《虞書》曰：勳乃殂。〔昨胡切〕𣨡 古文殂，从歺，从作。

【注釋】

《爾雅》：「殂落，死也。」本義是死，指帝王之死，《出師表》：「先帝創業未半，而中道崩殂。」

殛 𣨡 jí　　殊也。从歺，亟聲。《虞書》曰：殛鯀於羽山。〔己力切〕

【注釋】

殊，死也，今有「殊死搏鬥」。本義是殺死，《尚書·湯誓》：「有夏多罪，天命殛之。」「雷殛」謂雷打也。

引申有懲罰義，《尚書·康誥》：「爽惟天其罰殛我，我其不怨。」「殛罰」謂懲罰也。又有流放、放逐義，通「極」，蔡琰《胡笳十八拍》：「我不負神兮，神何殛我越荒州？」

殪 𣧑 yì　　死也。从歺，壹聲。〔於計切〕𣨈 古文殪，从死。

【注釋】

本義是死，《國殤》：「左驂殪兮右刃傷。」又指殺死。

蟇 𧕫 mó　　死宗蟇也。从歺，莫聲。〔莫各切〕

【注釋】

宗蟇，無聲也。見「嘆」字注。宗蟇猶啾嘆也。

殯 𣩆 bìn　　死在棺，將遷葬，柩，賓遇之。从歺，从賓，賓亦聲。夏后殯於阼階，殷人殯於兩楹之間，周人殯於賓階。〔必刃切〕

【注釋】

古喪禮有復、斂、殯、葬、服五步。殯者，停棺待葬也，以賓客待之，故謂之殯。出殯、送殯者，乃送出去埋葬也。《禮記》：「夏后氏殯於東階之上，殷人殯於兩楹之間，周人殯於西階之上。」

孔子曾夢見自己安坐在殿堂前面兩根楹柱之間，按照殷人的相傳禮儀，人死後棺材便停放在那裏。孔子的先人是殷人，所以他認為這個夢是自己將要死亡的預兆，後來果然生了病，臥床七天而逝。後人用「夢楹」指臨死的預兆，或作為人將要死的委婉說法。

殔 𣨼 yì　　瘞也。从歺，隶聲。〔羊至切〕

【注釋】

埋柩也。

殣 𣩠 jìn　　道中死人，人所覆也。从歺，堇聲。《詩》曰：行有死人，尚或殣之。〔渠吝切〕

【注釋】

本義是掩埋。又指餓死，《禮記》：「道無殣者。」又指餓死的人，如「道殣相望」，謂路上餓死的人很多。

段注：「今《小雅・小弁》作墐，傳曰：墐，路冢也。按墐者假借字，殣者正字也。義在人所覆，故其字次於埭。《左傳》：道殣相望。杜云：餓死為殣。」

殠 {臭} chòu　　腐氣也。从歺，臭聲。〔尺救切〕

【注釋】

此臭味之後起本字也，今專用臭而殠廢矣。

殨 {貴} kuì　　爛也。从歺，貴聲。〔胡對切〕

【注釋】

此潰爛之本字也，今殨爛字作潰而殨廢矣。《說文》：「潰，漏也。」非本字明矣。

歺万 {朽} xiǔ（朽）　　腐也。从歺，丂聲。〔許久切〕朽 歺，或从木。

【注釋】

今通行重文朽字。本義是腐爛，「不朽」謂不磨滅，不爛也。引申為衰老義，如「年朽髮落」，今有「老朽」。今字用朽而歺廢矣。

殆 {台} dài　　危也。从歺，台聲。〔徒亥切〕

【注釋】

殆之本義為危險，今有「百戰不殆」。「損失殆盡」者，殆，將也，近也。「殆盡」者，將近也。另有大概義，典籍常見。

殃 {央} yāng　　咎也。从歺，央聲。〔於良切〕

【注釋】

咎者，災也。動詞有殘害義，今有「禍國殃民」。

殘 {戔} cán　　賊也。从歺，戔聲。〔昨干切〕

【注釋】

殘之本義為動詞破壞。柳宗元《斷刑論》:「秋冬之有霜雪也,舉草木而殘之。」今有「殘害」,同義連文。

段注:「今俗用為歺餘字,按許意殘訓賊,歺訓餘。今則殘專行而歺廢矣。」

殄 𣨙 tiǎn　　盡也。从歺,㐱聲。〔徒典切〕𠬙 古文殄,如此。

【注釋】

本義是滅盡,今有「暴殄天物」。常用有昏迷義,王充《論衡》:「人殄不悟,則死矣。」

殲 𣩔 jiān　　微盡也。从歺,韱聲。《春秋傳》曰:齊人殲於遂。〔子廉切〕

【注釋】

本義是殺盡、滅盡。今簡化字作歼,古之俗字也。纖,微也。同源詞也。

殫 𣨶 dān　　殛盡也。从歺,單聲。〔都寒切〕

【注釋】

段注:「窮極而盡之也。極,鉉本作殛,誤。」極盡,同義連文,極亦盡也。今有「殫精竭慮」「殫心」「殫力」。

殬 𣩅 dù　　敗也。从歺,睪聲。《商書》曰:彝倫攸殬。〔當故切〕

【注釋】

蠹、殬聲近義通,同源詞也。今《尚書》作「彝倫攸斁」,通假字也。斁,本義是厭足。

段注:「經假斁為殬,《雲漢》鄭箋云:斁,敗也。孔穎達引《洪範》:彝倫攸斁。今作斁者,蓋漢人以今字改之。許所云者,壁中文也。」

殰 𣩉 luǒ　　畜產疫病也。从歺,从贏。〔郎果切〕

殨 𣨵 ái　　殺羊出其胎也。从歺,豈聲。〔五來切〕

殘 殘 cán　　禽獸所食餘也。从歺，从肉。〔昨干切〕

【注釋】

隸變作歺，今殘餘之本字也。殘之本義為毀壞，非本字明矣。

段注：「殘者，賊也。殘者，禽獸所食餘也。因之凡餘謂之殘，今則殘行而殘廢矣。引申為凡物之餘，凡殘餘字當作歺。」

殖 殖 zhí　　脂膏久殖也。从歺，直聲。〔常職切〕

【注釋】

本義是脂膏因放置時間過久而變質。引申為繁殖義。又今骨殖者，屍骨也。殖常用有種植義，《尚書》：「農殖嘉穀。」又有經商義，《列子》：「子貢殖於衛。」「貨殖」謂經商也，又指經商之人，《史記》有《貨殖列傳》，是給商人寫的傳記。

段注：「久下當有曰字。脂膏以久而敗，財用以多藏而厚亡，故多積者謂之殖貨，引申假借之義也。」

殆 殆 kū　　枯也。从歺，古聲。〔苦孤切〕

【注釋】

殆乃枯之後起分化字。

段注：「《周禮》：殺王之親者辜之。注：辜之也，枯也，謂磔之。《桀部》曰：磔，辜也。按殆同辜，磔也。《玉篇》曰：殆，古文辜字。」

殪 殪 qī　　棄也。从歺，奇聲。俗語謂死曰大殪。〔去其切〕

【注釋】

「大棄」「棄世」皆謂死也。

　文三十二　重六

死部

死 死 sǐ　　澌也，人所離也。从歺，从人。凡死之屬皆从死。〔息姊切〕

旅 古文死如此。

【注釋】

澌者，盡也。以澌訓死，聲訓也。甲骨文作🔲，象人拜在骨殖旁邊。

段注：「《方言》：澌，索也，盡也。是澌為凡盡之稱。人盡曰死，死、澌異部疊韻。」

薨 🔲 hōng　　公侯殌也。从死，瞢省聲。〔呼肱切〕

【注釋】

天子死曰崩，或崩殂，或駕崩。諸侯死曰薨，大夫死曰卒，庶人曰死，委婉語作歿。後來卒、死可作為死亡之泛稱，然崩、薨一直為帝后專用。

段注：「《曲禮》又曰：壽考曰卒，短折曰不祿。此概言之，非謂大夫士也。」

薧 🔲 hāo　　死人里也。从死，蒿省聲。〔呼毛切〕

【注釋】

今蒿里之本字也。蒿本義為茅草，非本字明矣。「蒿里」本為山名，在泰山之南，為死者葬所，因以泛指墓地，故挽歌有《蒿里行》。

𣨛 🔲 zì　　戰見血曰傷，亂或為惛，死而復生為𣨛。从死，次聲。〔咨四切〕

文四　重一

𣦵部

𣦵 🔲 guǎ　　剔人肉置其骨也。象形，頭隆骨也。凡𣦵之屬皆从𣦵。〔古瓦切〕

【注釋】

𣦵即骨之初文，骨之象形，因形不顯義，故乃加肉作骨以著之。林義光《文源》：「𣦵者，骨形，象肉附於骨也。」

段注：「《列子》曰：炎人之國，其親戚死，𣦵其肉而棄之。《刀部》無剮字，𣦵俗作剮。」

剮 🔲 bié（別）　　分解也。从𣦵，从刀。〔憑列切〕

【注釋】

隸變作別。《說文》無別字。古代沒有另字，另的意義都寫作別，今有「別開生面」。別有分類、類別義，今有「性別」「國別」。

牌 𤯐 bēi　　別也。从丐，卑聲。讀若罷。〔府移切〕

文三

骨部

骨 𩠐 gǔ　　肉之覈也。从丐有肉。凡骨之屬皆从骨。〔古忽切〕

【注釋】

段注：「按覈、核古今字，故《周禮》經文作覈，注文作核，古本皆如是。《詩》殽核，蔡邕所據《魯詩》作肴覈。梅李謂之覈者，亦肉中有骨也。」

髑 𩪇 dú　　髑髏，頂也。从骨，蜀聲。〔徒谷切〕

髏 𩑶 lóu　　髑髏也。从骨，婁聲。〔洛侯切〕

【注釋】

本義是乾枯無肉的死人顱骨。泛指死人全副骨骼，亦稱為「髑髏」。

髆 𩩗 bó（膊）　　肩甲也。从骨，專聲。〔補各切〕

【注釋】

後寫作「膊」，本義是肩胛，即肩膀也，引申出胳膊義，又引申出脖子義，另造脖字。相鄰引申也，本楊琳先生說。漢代有昌邑王劉髆，劉賀之父。

段注：「《肉部》曰：肩，髆也。單呼曰肩，絫呼曰肩甲。」

髃 𩨺 ǒu　　肩前也。从骨，禺聲。〔午口切〕

骿 𩨛 pián（胼）　　并脅也。从骨，并聲。晉文公骿脅。〔臣鉉等曰：骿胝字同。今別作胼，非。〕〔部田切〕

【注釋】

今作胼。骿脅者，兩根肋骨並長在一起，晉文公重耳如此。

髀 𩪋 bǐ　　股也。从骨，卑聲。〔并彌切〕𩪥 古文髀。

【注釋】

本義是大腿，也指大腿骨。

髁 𩩅 kē　　髀骨也。从骨，果聲。〔苦臥切〕

𩨹 𩨌 jué　　臀骨也。从骨，厥聲。〔居月切〕

髖 𩪇 kuān　　髀上也。从骨，寬聲。〔苦官切〕

【注釋】

通稱胯骨，泛指屁股，《廣雅》：「髖，尻也。」

髕 𩪃 bìn（臏）　　膝耑也。从骨，賓聲。〔毗忍切〕

【注釋】

今作臏。臏之本義為膝蓋骨，也叫髕骨。《大戴禮記》：「人生期而髕，髕不備則人不能行。」小孩一般一歲會走路，因膝蓋骨已經完備。引申指剔去膝蓋骨的刑罰。這種刑罰施行於商代，周代用跀刑（斷腳）代替了臏刑。然周代文獻提到跀刑時習慣沿用臏的名稱，用本名也。戰國孫臏所受者實乃跀刑，非剔膝蓋骨也，今人多誤解。段注所言甚明矣。

段注：「古者五刑，臏、宮、劓、墨、死。臏者，髕之俗，去膝頭骨也。周改髕作跀，其字借作刖，斷足也，漢之斬趾是也。髕者廢不能行，跀者尚可箸踴而行，是則跀輕於髕也。

他經傳無言跰、言荊者，蓋跰者髕之一名，故《周禮》說周制作刖，《呂刑》說夏制，則《今文尚書》作臏，《古文尚書》作荊，實一事也。周改髕為跀，即改跰為跀也。」

骷 𩨜 guā　　骨耑也。从骨，昏聲。〔古活切〕

髖 髖 kuì　　膝脛間骨也。从骨，貴聲。〔丘媿切〕

【注釋】

膝蓋骨。

骹 骹 qiāo　　脛也。从骨，交聲。〔口交切〕

【注釋】

本義是小腿。段注：「凡物之脛皆曰骹。《釋畜》：馬四骹皆白，驓。」

骭 骭 gàn　　骹也。从骨，干聲。〔古案切〕

骸 骸 hái　　脛骨也。从骨，亥聲。〔戶皆切〕

【注釋】

本義是小腿骨，泛指骨頭，如「九竅百骸」。「乞骸骨」謂自請退職，請求使骸骨歸葬故鄉，回老家安度晚年。「屍骸」謂屍骨也。引申出身體義，「形骸」謂人的形體，又有「病骸」「殘骸」。

髓 髓 suǐ（髓）　　骨中脂也。从骨，隓聲。〔息委切〕

【注釋】

即今髓字也。隓者，今墮字也。

骭 骭 tì　　骨間黃汁也。从骨，易聲。讀若《易》曰：夕惕若厲。〔他歷切〕

體 體 tǐ（体）　　總十二屬也。从骨，豊聲。〔他禮切〕

【注釋】

今簡化作体，古傳承之俗字。總十二屬者，總括全身十二部分之稱，故體之本義為身體之一部分。身與體，古有別。身者，全身也；體者，身體之一部分。故有「四體不勤」「五體投地」。《史記》載，項羽自殺後被肢解，「最其後，郎中騎楊喜，騎司馬呂馬童，郎中呂勝、楊武各得其一體」。

　　引申出部分、局部義，《墨子》：「體，分於兼也。」引申出本體、實體義，又指根本，主要的方面，今有「中學為體，西學為用」「四體二用」。古代詞類分為體言和用言，約相當於名詞和動詞，形容詞和動詞是一類，尤其是不及物動詞，可與形容詞對仗。

　　引申出親近義，今有「體貼」，貼亦親近義。引申出依靠義，《管子》：「君體法而立矣。」引申出實踐義，今有「身體力行」。引申出親身、設身處地義，今有「體諒」「體恤」。「躬」有身體義，也有親自親身義，同步引申也。

　　黁 𩨳 mó　　瘡病也。从骨，麻聲。〔莫鄱切〕

【注釋】

　　此「幺麼」之本字也。

　　骾 𩩈 gěng　　食骨留咽中。从骨，更聲。〔古杏切〕

【注釋】

　　梗、骾，聲近義通，同源詞也。

　　骼 𩩱 gé　　禽獸之骨曰骼。从骨，各聲。〔古核切〕

【注釋】

　　本義是禽獸之骨，引申為人或動物的骨，今有「骨骼」。

　　骴 𩨌 cī　　鳥獸殘骨曰骴。骴，可惡也。从骨，此聲。《明堂月令》曰：掩骼埋骴。骴，或从肉。〔資四切〕

【注釋】

　　肉未爛盡的屍骨。

　　骫 𩨦 wěi　　骨耑骫奊也。从骨，丸聲。〔於詭切〕

【注釋】

　　本義是骨彎曲不正。此「委曲」「委婉」之本字也。文獻中與委義同，委有彎曲、堆積義，骫也有此二義。委加艸作萎，枯萎也，骫亦有此義。《呂氏春秋》：「臣，骫

桑之下餓人也。」

髖 髖 kuài　　骨摘之可會髮者。从骨，會聲。《詩》曰：髖弁如星。〔古外切〕

【注釋】

古代一種束髮的骨器，簪子、搔頭之類。

文二十五　重一

肉部

肉 肉 ròu　　胾肉。象形。凡肉之屬皆从肉。〔如六切〕

【注釋】

今作偏旁多隸變為月，與月亮字不別。故大月氏，有念大 ròu 氏者。本義是動物的肉，引申出豐滿義，今有「廉肉」。

古代圓形有孔的玉器，孔謂之好，好、孔一聲之轉也。孔外實體部分謂之肉。《爾雅》：「好倍肉謂之瑗，肉倍好謂之璧，好肉若一謂之環。」肌、肉最初有別，肌指人的肉，肉指動物的肉，漢代以後，肉可指人的肉，但肌不能指動物的肉。

段注：「生民之初，食鳥獸之肉，故肉字最古。而制人體之字，用肉為偏旁，是亦假借也。人曰肌，鳥獸曰肉，此其分別也。引申為《爾雅》肉好、《樂記》廉肉字。」

腜 腜 méi　　婦始孕腜兆也。从肉，某聲。〔莫杯切〕

【注釋】

婦女開始懷孕的徵兆。腜腜，肥沃貌。

胚 胚 pēi（胚）　　婦孕一月也。从肉，不聲。〔匹杯切〕

【注釋】

《文子》：「一月而膏，二月血脈，三月而胚，四月而胎，五月而筋，六月而骨，七月而成形，八月而動，九月而躁，十月而生。」與《說文》異。胚、坯同源詞也。

胎 🐚 tāi 婦孕三月也。从肉，台聲。〔土來切〕

【注釋】

《爾雅》：「胎，始也。」引申為事物的開始，如「禍胎」。

肌 🐚 jī 肉也。从肉，几聲。〔居夷切〕

【注釋】

見上「肉」字注。

臚 🐚 lú（膚） 皮也。从肉，盧聲。〔力居切〕 🐚 籀文臚。

【注釋】

今簡化字作胪。籀文即今皮膚（膚，俗字作肤）字。臚、膚本一字之異體，後分化為二字二音。臚音 lú，陳列義，《爾雅》：「臚，敘也。」今有「臚列」，「臚情」謂陳述心情也。

科舉考試有「傳臚大典」，殿試以後，正式放榜前，由皇帝宣布登第進士名次的典禮。「傳臚」即唱名之意，唱名傳呼召見也。至清代二甲第一名（即殿試第四名）稱為「傳臚」，前三名為狀元、榜眼、探花。

秦漢時九卿之一的典客，後改名大鴻臚，掌管諸侯及藩屬國事務。《漢書·百官公卿表上》：「典客，秦官，掌諸歸義蠻夷，有丞。景帝中六年更名大行令，武帝太初元年更名大鴻臚。」顏師古注引應劭曰：「郊廟行禮讚九賓，鴻聲臚傳之也。」

肫 🐚 zhūn 面頯也。从肉，屯聲。〔章倫切〕

【注釋】

顴骨。朱駿聲《說文通訓定聲》：「肫，俗謂之兩顴也。」此鼻子義「準」之本字，相鄰引申也。

膌 🐚 jī 頰肉也。从肉，幾聲。讀若畿。〔居衣切〕

脣 🐚 chún（唇） 口岩也。从肉，辰聲。〔食倫切〕 🐚 古文脣，从頁。

【注釋】

　　《說文》分脣、曆為二字。「脣，驚也」，實乃震之本字也。今不別，用作嘴脣字。脣是人嘴的邊，今有「脣吻」，謂嘴脣，吻亦嘴脣義，今有「接吻」。泛指圓形物的周邊，如「錢脣」。泛指側邊，《詩經》：「置之河之漘兮。」《經典釋文》：「漘，一本作曆。」曆、漘同源詞也。

　　脰 dòu　　項也。从肉，豆聲。〔徒候切〕

【注釋】

　　脖子也。「山脰」謂山腰至山峰間。「短脰縮肩」乃姦臣之相。

　　肓 huāng　　心下鬲上也。从肉，亡聲。《春秋傳》曰：病在肓之下。〔呼光切〕

【注釋】

　　中醫指心下膈上的部位。中醫稱心尖脂肪為「膏」，心臟和膈膜之間為「肓」，認為「膏肓」是藥力達不到的地方，今有「病入膏肓」。

　　腎 shèn　　水藏也。从肉，臤聲。〔時忍切〕

【注釋】

　　今簡化字作肾，草書楷化字形。水藏也，今有「腎水不足」。

　　肺 fèi　　金藏也。从肉，宋聲。〔芳吠切〕

【注釋】

　　肺腑謂內心也。《春秋元命苞》：「肺有金之精，制割立斷。」

　　段注：「今《尚書》歐陽說：肝，木也。心，火也。脾，土也。肺，金也。腎，水也。古《尚書》說：脾，木也。肺，火也。心，土也。肝，金也。腎，水也。」

　　脾 pí　　土藏也。从肉，卑聲。〔符支切〕

【注釋】

　　胃為脾之腑，故常連言。「脾胃」喻指對事物的喜好，如「不合脾胃」「脾胃相

投」。土藏也，土蘊氣，故稱「脾氣」。古文以脾為髀字。

肝 gān　　木藏也。从肉，干聲。〔古寒切〕

【注釋】

木生火，故稱「肝火」。心、肝、脾、肺、腎，所謂五臟者也，故《說文》連屬。下文六腑，亦連屬，此益可見《說文》以類相從之體例。

膽 dǎn　　連肝之府。从肉，詹聲。〔都敢切〕

【注釋】

今簡化字作胆，另造之俗字也。今有「肝膽」謂誠心也。又指勇氣、血性也。府，腑也。五臟的功能是貯藏精氣，而六腑的功能則是消化、吸收與排泄。

「臟」是指實心有機構的臟器，有心、肝、脾、肺、腎五臟。「腑」是指空心的容器，有小腸、膽、胃、大腸、膀胱等分別和五個臟相對應的五個腑。故有「壞心腸」「肝膽」「脾胃」「肺與大腸相表裏」「腎水」等說法。另外將人體的胸腔和腹腔分為上焦、中焦、下焦為三焦，是第六個腑。

膽為肝之府，故今有「肝膽相照」。段注：「《白虎通》曰：府者，為藏官府也。膽者，肝之府也。肝主仁，仁者不忍，故以膽斷，仁者必有勇也。《素問》曰：膽者，中正之官，決斷出焉。」

胃 wèi　　穀府也。从肉，㘨象形。〔云貴切〕

【注釋】

段注：「《白虎通》曰：胃者，脾之府也。脾主稟氣，胃者，穀之委也，故脾稟氣於胃也。《素問》：脾胃者，倉廩之官，五味出焉。」胃為脾之府，故今有「脾胃失調」。見「脾」字注。

脬 pāo　　膀光也。从肉，孚聲。〔匹交切〕

【注釋】

今河南方言有「尿（suī）脬」一詞，即膀胱也。又作量詞，如「一脬尿」。

段注：「脬俗作胞。旁光俗皆从肉。《白虎通》曰：旁光者，肺之府也。」膀胱當是腎之府，今有「腎水」。

腸 𦝩 cháng　　大小腸也。从肉，昜聲。〔直良切〕

【注釋】

今簡化字作肠，草書楷化字形也。據說人悲痛至極腸會寸斷，故有「斷腸」之說。腸有內心、情懷義，如「壞心腸」，天津話費心思、走腦子謂之「走腸子」。膽、胃、大腸、小腸、三焦、膀胱，所謂六腑者也。

段注：「《白虎通》曰：大腸、小腸，心之府也。藏、府古通偁，如《周禮》注：五藏並胃、旁光、大腸、小腸為九藏。是也。」

膏 gāo　　肥也。从肉，高聲。〔古勞切〕

【注釋】

本義是肥油，今有「膏粱子弟」，謂吃著肥肉和小米飯的子弟。又作動詞滋潤義，《詩經》：「芃芃黍苗，陰雨膏之。」今有「膏油」。

肪 𦜝 fáng　　肥也。从肉，方聲。〔甫良切〕

膺 𦠆 yīng　　胸也。从肉，雁聲。〔於陵切〕

【注釋】

今有「義憤填膺」，李白詩：「以手撫膺坐長歎。」「服膺」，謂衷心信服，牢記在心也，如「服膺聖教」。另有承擔義，今有「榮膺」「膺選」。另有抵抗、打擊義，《詩經》：「荊舒是懲，戎狄是膺。」今有「膺懲」。

段注：「膺，當也，此引申之義。凡當事以膺，任事以肩。」

肊 𦙍 yì（臆）　　胸骨也。从肉，乙聲。〔於力切〕𦡍 肊，或从意。

【注釋】

今通行重文臆。本義是胸骨，引申為胸，《廣雅》：「臆，匈也。」今有「直抒胸臆」。引申主觀想像或猜測義，今有「主觀臆斷」。

背 𦡈 bèi　　脊也。从肉，北聲。〔補妹切〕

【注釋】

本義是脊背。段注：「脊，背呂也。然則脊者，背之一端，背不止於脊。如髀者

股外,股不止於髀也。云:背,脊也。股,髀也。文法正同。」

脅 xié 兩膀也。从肉,劦聲。〔虛業切〕

【注釋】

今簡化作胁。兩膀者,兩腋下。脅謂從腋下到肋骨盡處的部分,本義是胸部兩側,今有「脅下」。引申出側、旁義,如「岸脅」謂岸邊也。

引申有逼迫、恐嚇義,如「脅迫」「脅持」「威脅」。引申出收斂義,今有「脅肩諂笑」。「脅息」謂抑制呼吸,形容恐懼。今「脅迫」本字當作「脅肐」。

膀 bǎng 脅也。从肉,旁聲。〔步光切〕髈 膀,或从骨。

【注釋】

本義是兩脅,今作肩膀字,相鄰引申也。本楊琳先生說。

胉 liè 脅也。从肉,寽聲。一曰:胉,腸間肥也。一曰:膫也。〔力輟切〕

【注釋】

段注:「脅者統言之,胉其肉也,肋其骨也。」

肋 lèi 脅骨也。从肉,力聲。〔盧則切〕

【注釋】

段注:「亦謂之榦。榦者,翰也,如羽翰然也。」

胂 shēn 夾脊肉也。从肉,申聲。〔矢人切〕

脢 méi 背肉也。从肉,每聲。《易》曰:咸其脢。〔莫杯切〕

【注釋】

段注:「胂為迫呂之肉,脢為全背之肉也。」

肩 jiān(肩) 髆也。从肉,象形。〔古賢切〕肩 俗肩从戶。

【注釋】

　　今通行重文肩。本義是肩膊，引申承擔，如「身肩重任」。《爾雅》：「肩，勝也。」「肩，克也」。又任用也，《尚書》：「朕不肩好貨。」謂我不任用貪財之人也。

　　胳 〔图〕gē　　亦下也。从肉，各聲。〔古洛切〕

【注釋】

　　亦者，腋之古字也。本義是腋下，今作胳膊字，相鄰引申也。

　　段注：「亦、腋古今字。《亦部》曰：人之臂亦也。兩厷迫於身者謂之亦，亦下謂之胳，又謂之胠，身之迫於兩厷者也。」

　　胠 〔图〕qū　　亦下也。从肉，去聲。〔去劫切〕

【注釋】

　　本義是腋下。引申從旁邊撬開，「胠篋」謂撬開箱子，指偷東西，語出《莊子·胠篋》篇。

　　臂 〔图〕bì　　手上也。从肉，辟聲。〔卑義切〕

【注釋】

　　本義是小臂，泛指胳膊。「臂助」謂幫助，又指助手。

　　段注：「《又部》曰：厷，臂上也。此皆析言之。亦下云：人之臂亦。渾言之也。渾言則厷臂互偁。」

　　臑 〔图〕nào　　臂羊矢也。从肉，需聲。讀若襦。〔那到切〕

【注釋】

　　牲畜前肢的下半截。

　　肘 〔图〕zhǒu　　臂節也。从肉，从寸。寸，手寸口也。〔陟柳切〕

【注釋】

　　段注：「厷與臂之節曰肘，股與脛之節曰卻。」

　　臍 〔图〕qí　　肶臍也。从肉，齊聲。〔徂兮切〕

【注釋】

　　毗臍，肚臍也。今有「噬臍莫及」。臍，齊也。凡居中曰齊。《爾雅》：「殷、齊，中也。」肚臍在人身之中間，故稱。

　　腹 𦠌 fù　　厚也。从肉，复聲。〔方六切〕

【注釋】

　　本義是肚子，引申為中心部分，如「腹地」，「腹裏」猶內地也。引申為懷抱義，《詩經》：「出入腹我。」

　　腴 𦟔 yú　　腹下肥也。从肉，臾聲。〔羊朱切〕

【注釋】

　　本義是腹下的肥肉。《論衡》：「垂腴尺餘。」引申出肥胖義，今有「豐腴」。又肥沃義，今有「土地膏腴」「膏腴之地」，又有豐裕義，如「處腴能約」。

　　脽 𦟡 shuí　　臀也。从肉，隹聲。〔示隹切〕

【注釋】

　　今四川話罵人「錘子」之本字也。錘子者，男性生殖器。四川話「他算個錘子」，類似陝西話「他算個屌」、普通話「他算個雞巴」。脽之本義是臀部，引申出生殖器義，相鄰引申也。方言中屁股可指女陰。

　　朏 𦞦 jué　　孔也。从肉，決省聲。讀若決水之決。〔古穴切〕

【注釋】

　　段注：「夬聲，鉉本作決省聲，誤。鍇本亦同者，張次立依鉉改之也。」

　　胯 𦙶 kuà　　股也。从肉，夸聲。〔苦故切〕

【注釋】

　　本義是兩腿之間，兩腿之間謂之胯下，如「胯下之辱」。今指屁股，如「赤胳露胯」，相鄰引申也。段注：「合兩股言曰胯。」

　　股 𦙫 gǔ　　髀也。从肉，殳聲。〔公戶切〕

【注釋】

本義是大腿，今指屁股，相鄰引申也。胯亦有此二義，同步引申也。介子推「割股啖文公」，非割屁股上之肉。

段注：「《骨部》曰：髀，股外也。言股則統髀，故曰髀也。」

腳 𦜌 jiǎo　　脛也。从肉，卻聲。〔居勺切〕

【注釋】

腳的本義是小腿，後才指今之腳。

段注：「《東方朔傳》曰：結股腳。謂跪坐之狀。股與腳以膝為中，腳之言卻也，凡卻步必先脛。」

脛 𦜕 jìng　　胻也。从肉，巠聲。〔胡定切〕

【注釋】

本義是小腿。又泛指腿，今有「不脛而走」。股本義是大腿。腿是後出現的字，開始專指小腿，後來才指總稱。

胻 𦙾 héng　　脛耑也。从肉，行聲。〔戶更切〕

【注釋】

脛骨上部，泛指小腿。

段注：「耑猶頭也，脛近膝者曰胻，如股之外曰髀也。言脛則統胻，言胻不統脛。《龜策傳》曰：壯士斬其胻。即斬朝涉之脛也。」

腓 𦚟 féi　　脛腨也。从肉，非聲。〔符飛切〕

【注釋】

即腓腸肌，脛骨後的肉，俗稱「腿肚子」。段注：「腓之言肥，似中有腸者然，故曰腓腸。」

腨 𦜤 shuàn　　腓腸也。从肉，耑聲。〔市沇切〕

【注釋】

即腿肚子。段注：「《禮經》多作肫，或作膞，皆假借字。《山海經》謂之腨。」

胑 胑 zhī（肢）　　體四胑也。从肉，只聲。〔章移切〕胑 胑，或从支。

【注釋】

今通行重文肢字。

胲 胲 gāi　　足大指毛肉也。从肉，亥聲。〔古哀切〕

肖 肖 xiào　　骨肉相似也。从肉，小聲。不似其先，故曰不肖也。〔私妙切〕

【注釋】

骨肉相似者，謂此人之骨肉與彼人之骨肉相似也。引申出相似義，今有「肖相」。今「不肖」者，本義謂不像其先人，今有「不肖子孫」。引申出不賢義，《商君書》：「公私分明，則小人不疾賢，不肖者不妒功。」

胤 胤 yìn　　子孫相承續也。从肉，从八，象其長也。从幺，象重累。〔羊晉切〕胤 古文胤也。

【注釋】

胤者，後代也。匡胤者，輔助其後代也。匡者，正也，輔也。動詞義為繼承，《爾雅》：「胤，繼也。」

胄 胄 zhòu　　胤也。从肉，由聲。〔直又切〕

【注釋】

《說文·冃部》：「胄，兜鍪也。从冃，由聲。」兜鍪，首鎧也，古謂之胄，漢謂之兜鍪，今謂之盔。胤胄字與鎧胄字，《說文》有別，一從肉，一從冃，隸變後均作胄，無別矣。

胤 胤 yì　　振胤也。从肉，八聲。〔許訖切〕

【注釋】

今八佾字從此聲。孔子曰：「八佾舞於庭，是可忍孰不可忍。」

膻 dàn　　肉膻也。从肉，亶聲。《詩》曰：膻裼暴虎。〔徒旱切〕

【注釋】

今袒露之本字也。《說文》：「袒，衣縫解也。」許書無綻字，此即綻字也，非袒露本字明矣。膻今作羊肉膻字，廢本字羴、羶。

段注：「《釋訓》、毛傳皆云：襢裼，肉襢也。李巡云：脫衣見體曰肉襢。孫炎云：襢去裼衣。按多作襢、作袒，非正字，膻其正字。」

臞 rǎng　　益州鄙言人盛，諱其肥，謂之臞。从肉，襄聲。〔如兩切〕

【注釋】

從襄之字多有肥、盛義，見「壤」「襄」等字注。

腊 jiē　　臞也。从肉，皆聲。〔古諧切〕

臞 qú　　少肉也。从肉，瞿聲。〔其俱切〕

【注釋】

本義是瘦，今作「癯」。今有「清癯」，謂精瘦也。

脫 tuō　　消肉臞也。从肉，兌聲。〔徒活切〕

【注釋】

脫之本義為消瘦。今俗用為分散、脫漏之義。文獻中漏掉的字謂之「脫文」或「奪文」。分散、脫漏之義本字當為挩，《說文》：「挩，解挩也。」常用義簡略也，《史記》：「凡禮始乎脫。」引申出輕慢、疏略義，「通脫」謂放達、不拘小節也。《左傳》：「輕則寡謀，無禮則脫。」

段注：「消肉之臞，臞之甚者也。今俗語謂瘦太甚者曰脫形，言其形象如解蛻也。此義少有用者，今俗用為分散、遺失之義。分散之義當用挩，《手部》挩下曰：解挩也。遺失之義當用奪，《奞部》曰：奪，手持隹失之也。」

脉 qiú　　齊人謂臞脉也。从肉，求聲。讀若休止。〔巨鳩切〕

【注釋】

瘦也。

臠 〔luán〕　臞也。从肉，䜌聲。一曰：切肉臠也。《詩》曰：棘人臠臠兮。〔力沇切〕

【注釋】

本義是消瘦，本義不常用，臠謂肉少，攣謂收縮，同源詞也。常用義是切成小塊的肉，如「嘗一臠肉知一鑊之味」。「臠割」謂分割也。「禁臠」喻獨自佔有而不容別人分享的東西，如「視為禁臠」。

段注：「切肉曰臠，臠之大者曰胾，此許義也。」

脊 〔jí〕（瘠）　瘦也。从肉，脊聲。〔資昔切〕 古文脊，从疒，从束，束亦聲。

【注釋】

此今貧瘠字也。《說文》無瘠字。本義是瘦，《荀子》：「葉公子高，微小短瘠。」引申出土地貧瘠，泛指薄、少，《左傳》：「何必瘠魯以肥杞。」

段注：「凡人少肉則脊呂歷歷然，故其字从脊。」

脀 〔chéng〕　騃也。从肉，丞聲。讀若丞。〔署陵切〕

【注釋】

常用義是把牲體放入俎中。

胗 〔zhěn〕　脣瘍也。从肉，㐱聲。〔之忍切〕 籀文胗，从疒。

【注釋】

本義是嘴脣潰瘍。又指鳥類的胃，如「雞胗」。

腄 〔zhuī〕　瘢胝也。从肉，垂聲。〔竹垂切〕

【注釋】

今作「胼胝」，俗稱「繭子」或「膙子」也。

胝 zhī 　 腄也。从肉，氐聲。〔竹尼切〕

【注釋】

今俗稱「繭子」，因摩擦手腳上變硬的皮膚。

肬 yóu 　 贅也。从肉，尤聲。〔羽求切〕籀文肬，从黑。

【注釋】

俗稱瘊子。贅者，綴也，抵押也。「入贅」，謂男子質己於女方也。贅、綴同源詞也。綴，屬也，連也。

胘 huàn 　 搔生創也。从肉，丸聲。〔胡岸切〕

腫 zhǒng 　 癰也。从肉，重聲。〔之隴切〕

【注釋】

今簡化作肿，另造之俗字也。段注：「按凡膨脹粗大者謂之癰腫。」

胅 dié 　 骨差也。从肉，失聲。讀與跌同。〔徒結切〕

【注釋】

本義是骨頭錯位，常用凸、凸出義。

段注：「謂骨節差忒不相值，故胅出也。蘇林《漢書》注云：窅胅。窅謂入，胅謂出。窅胅《倉頡篇》作容胅，葛洪《字苑》作凹凸，今俗通用作坳突。」

脪 xìn 　 創肉反出也。从肉，希聲。〔香近切〕

胗 zhèn 　 瘢也。从肉，引聲。一曰：邊也。〔羊晉切〕

臘 là（腊）　 冬至後三戌 [1]，臘，祭百神。从肉，巤聲 [2]。〔盧盍切〕

【注釋】

[1] 冬至後三戌者，冬至後第三個戌日也。六十甲子中有甲戌、丙戌、戊戌、庚戌、

壬戌五個戌日。在干支紀日法中，即冬至後第三個帶「戌」字的日子。如今之上巳節（三月的第一個巳日）、端午節（五月的第一個午日）皆類此也。

古人紀日有時只記天干，不記地支，《楚辭·哀郢》：「出國門而軫懷兮，甲之朝吾以行。」這種情況在甲骨文時代也已經有了。僅用地支紀日比較後起，大多限於特定的日子，如「子、卯不樂」（《禮記·檀弓下》）、「三月上巳」之類。此「子」「卯」「巳」日就是干支紀日中的地支部分。地支紀日實即干支紀日之簡省，非先有地支紀日，而後與天干紀日組合成干支紀日也。這與先有歲陽紀年法、歲陰紀年法，而後組合成干支紀年法有所不同。見「旬」字注。

臘者，獵也，臘日要打獵，用獵物祭祀百神，故叫臘。臘日原在冬至後第三個戌日，後改在十二月初八，故把臘日所在的農曆十二月叫臘月。十二月八日乃佛教釋迦牟尼成佛日，釋迦牟尼喝了牧牛女之米粥而悟道成佛，今喝臘八粥之習俗蓋源自此。臘八節乃國產，臘八粥乃舶來品也。

[2] 臘，今簡化作腊。古腊、臘不同音、不同義。腊，音 xī，乾肉也。今歸併後無別。

段注：「臘本祭名，因呼臘月、臘日耳。臘在丑月，因謂丑月為臘月。《陳勝傳》書『臘月』是也。漢仍秦制，亦在丑月。而用戌日，則漢所獨也。」

膢 lóu 　楚俗以二月祭飲食也。从肉，婁聲。一曰：祈穀食新曰離膢。〔力俱切〕

【注釋】

古代祭名。《漢書·武帝紀》：「今天下大酺五日，膢五日。」顏師古注引蘇林曰：「膢，祭名也。」惟民間舉行之期，各地不同。楚俗常以二月祭飲食，祈穀嘗新。

「膢臘」是古代的兩種祭名，其祭多在歲終，故常並稱。古時貧民必待膢臘方得飲酒食肉。《韓非子》：「夫山居而谷汲者，膢臘相遺以水。」

朓 tiǎo 　祭也。从肉，兆聲。〔土了切〕

【注釋】

《說文》：「朓，晦而月見西方謂之朓。从月，兆聲。」祭朓字與晦朓字小篆有別，隸變無別矣。段注：「祭名也。《廣雅》云：祧，祭也。祧當作朓。」

胙 𦝿 zuò　　祭福肉也。从肉，乍聲。〔昨誤切〕〔臣鉉等曰：今俗別作祚，非是。〕

【注釋】

本義是祭祀用的肉，祭祀完分給大家，如「四時致宗廟之胙」。引申出賞賜義，如「胙之以土，命之以氏」。今「胙」「祚」通假，賜福也。

段注：「引申之凡福皆言胙。自後人臆造祚字以改經傳，由是胙、祚錯出矣。」

隋 𦞅 duò　　裂肉也。从肉，从隓省。〔徒果切〕

【注釋】

隋，本義為祭祀剩餘之肉，音 duò。今隋朝字，本作隨。王玉樹《拈字》：「隋本音妥，楊堅受封於隨地，號稱隨國公，及有天下，以隨從辵，周齊奔走不寧，故去辵作隋。後人因概讀隋為隨，無復妥音矣。」此十七部、十六部合音之理。隓者，墮落本字，亦通隓。

段注：「《衣部》曰：裂，繒餘也。《齊語》：戎車待遊車之裂。韋曰：裂，殘也。裂訓繒餘，引申之凡餘皆曰裂，裂肉謂尸所祭之餘也。」

膳 膳 shàn　　具食也。从肉，善聲。〔常衍切〕

【注釋】

本義是準備食物。今作名詞食物，如「膳費」「用膳」。段注：「此與《食部》饌字同義。」

腬 𦞂 róu　　嘉善肉也。从肉，柔聲。〔耳由切〕

【注釋】

此《詩經》「無不柔嘉」之本字，柔有美善義，本字當作腬。《說文》：「柔，木曲直也。」非本字明矣。《圍城》有孫柔嘉。

肴 𦞦 yáo　　啖也。从肉，爻聲。〔徐鍇曰：謂已修庖之可食也。〕〔胡茅切〕

【注釋】

本義是做熟的魚肉。《廣雅》：「肴，肉也。」「肴蔌」謂魚肉與菜蔬。「肴核」謂

肉類和果類食品。

腆 𦟣 tiǎn　　設膳腆腆多也。从肉，典聲。〔他典切〕𦜉 古文腆。

【注釋】

本義是豐厚。胸部或腹部厚大挺出亦謂之腆，如「腆著肚子」。臉皮厚也叫腆，「腆冒」者，厚顏冒昧也。又有羞愧義，「腆然」「腆愧」者，羞愧也。《小爾雅》：「腆，厚也。」腆又引申為美善義，《廣雅》：「腆，善也。」《禮記》：「幣必誠，辭無不腆。」

腯 𦝁 tú　　牛羊曰肥，豕曰腯。从肉，盾聲。〔他骨切〕

【注釋】

本義是肥，今有「肥腯」。

段注：「人曰肥，獸曰腯。此人、物之大辨也。又析言之，則牛羊得偁肥，豕獨偁腯。」

胇 𦙴 bié　　肥肉也。从肉，必聲。〔蒲結切〕

【注釋】

從必之字多有厚大義，如苾，馨香也，謂香味之遠聞者也。飶，食之香也。毖，慎也，慎者，重也。駜，馬飽也。

胡 𦙱 hú　　牛顄垂也。从肉，古聲。〔戶孤切〕

【注釋】

本義是牛脖子下面的肉，鬍鬚義乃後起。《詩·豳風·狼跋》：「狼跋其胡。」毛傳：「老狼有胡。」今胡之本義在一些詞上還保留，胡髯郎（羊的別名。胡，頸下垂肉）；胡皺（牛頷下鬆弛有皺紋的皮）；胡袋（某些鳥類頷下的皮囊，也稱喉囊，如「鵜鶘」)。

胡常用有大義，從胡得聲之字亦多有大義，見後「壺」字注。「胡考」「胡耇」謂長壽也。《詩經》：「胡考之休。」胡，何也，一聲之轉也。用作疑問詞。

段注：「牛自頤至頸下垂肥者也，引申之凡物皆曰胡，如老狼有胡、鵜胡、龍垂胡髯是也。經傳胡、侯、遐皆訓何。」

胘 𦙶 xián　　牛百葉也。从肉，弦省聲。〔胡田切〕

【注釋】

牛胃也。《廣雅》：「胃謂之胘。」

膍 𦙝 pí（肶）　　牛百葉也。从肉，毗聲。一曰：鳥膍胵。〔房脂切〕𦚡 膍，或从比。

【注釋】

即牛胃。牛胃折疊，象百葉。今通行重文肶，助也、厚也。《爾雅》：「肶，厚也。」《詩經》：「福祿肶之。」

胵 𦙋 chī　　鳥胃也。从肉，至聲。一曰：胵，五藏總名也。〔處脂切〕

膘 𦜉 piǎo　　牛脅後髀前合革肉也。从肉，票聲。讀若繇。〔敷紹切〕

【注釋】

膘本義是肥肉，今有「膘肥體壯」，肥肉可炸油，故膘實乃油膏之本字也。《說文》油乃水名，非本字明矣。

膟 𦜯 lǜ　　血祭肉。从肉，帥聲。〔呂戌切〕𦜔 膟，或从率。

膋 𦝐 liáo（膋）　　牛腸脂也。从肉，尞聲。《詩》曰：取其血膋。〔洛蕭切〕𦝑 膋，或从勞省聲。

【注釋】

腸上的脂肪，也泛指脂肪，《詩經》：「執其鸞刀，以啟其毛，取其血膋。」

脯 𦙡 fǔ　　乾肉也。从肉，甫聲。〔方武切〕

【注釋】

本義是乾肉。今乾果亦謂之脯，如「杏脯」「桃脯」。「甫」有開始義，本字或當作「脯」。

段注：「《膳夫》大鄭注曰：『脩，脯也。按此統言之。析言之則薄析曰脯。』捶

而施薑桂曰段脩。《曲禮》疏云：『脯訓始，始作即成也。脩訓治，治之乃成。』修治之謂捶而施薑桂。經傳多假脩為修治字。」

據段注，則「脩」得名於修治，脩、修非假借，實乃同源也。

脩 脩 xiū（修）　　脯也。从肉，攸聲。〔息流切〕

【注釋】

脩本義是乾肉。《說文》：「修，飾也。」修本義是修飾。二字古常通假通用，簡化漢字歸併為一。古者乾肉十根捆綁一束，謂之「束脩」，類似今之一包火腿腸。孔子收徒的學費即十條乾肉，《論語》：「自行束脩以上，吾未嘗無誨矣。」後以「束脩」代指老師的薪水。古者新生入學要行「束脩禮」，類今之交學費也。

乾肉得名於 xiū 者，因其長條狀也。修，長也。脩、修乃同源詞。見上「脯」字注。《說文》：「攸，行水也。」段注：「脩，長也。周秦之文，攸訓為長，其後乃假脩為攸而訓為長矣。」據段注，脩之長義，乃假借攸字。

引申為研究學習，今有「修業」「自修」。《韓非子》：「不期修古，不法常可。」又著作、撰寫，今有「修書一封」「修史」「前修未密，後出轉精」。《爾雅》：「修，美也。」「修名」即美名也。

朡 朡 xié　　脯也。从肉，奚聲。〔戶皆切〕

脼 脼 liǎng　　朡肉也。从肉，兩聲。〔良獎切〕

【注釋】

朡、脼皆乾肉也。段注：「《集韻》曰：吳人謂醃魚朡脼。」

膊 膊 pó　　薄脯，膊之屋上。从肉，專聲。〔匹各切〕

【注釋】

本義是暴露、陳列。今作胳膊字。屋，屋頂也。

脘 脘 wǎn　　胃府也。从肉，完聲。讀若患。舊云脯。〔古卵切〕

【注釋】

胃的內部。胃脘，中醫指胃內部的空腔。

胊 𦞅 qú 　　脯挺也。从肉，句聲。〔其俱切〕

【注釋】

屈曲的乾肉，引申為凡屈曲之稱。

膴 𦡇 hū 　　無骨腊也。楊雄說：鳥腊也。从肉，無聲。《周禮》有膴判。讀若謨。〔荒烏切〕

【注釋】

本義是無骨的乾肉，又指大塊的乾肉，引申為大義，《爾雅》：「膴，大也。」又厚也、美也。

段注：「無骨之腊，故其字从肉。無骨則肥美，故引申為凡美之偁。《毛詩》傳曰：膴膴，美也。」

胥 𦠄 xū 　　蟹醢也。从肉，疋聲。〔相居切〕

【注釋】

蟹醢即蟹醬，此胥之本義也。《周禮·庖人》注：「青州之蟹胥。」從肉，疋聲，蟹八跪二敖，故字從疋。疋者，足也。

胥常用義為全部、互相，《爾雅》：「僉、咸、胥，皆也。」如「民胥然矣」「萬事胥備」。《爾雅》：「胥，相也。」又有小官吏義，今「胥吏」，「鈔胥」謂管謄寫的小吏。

段注：「蟹者多足之物，引申假借為相與之義。《釋詁》曰：胥，皆也。又曰：胥，相也。」

腒 𦞙 jū 　　北方謂鳥腊曰腒。从肉，居聲。《傳》曰：堯如腊，舜如腒。〔九魚切〕

肍 𦟉 qiú 　　孰肉醬也。从肉，九聲。讀若舊。〔巨鳩切〕

【注釋】

孰肉醬者，可以久存也。讀若舊者，肍字實乃新舊字之本字也。舊本義是貓頭鷹，非本字明矣。從九之字多有窮極義，見前「艽」字注。許書有以讀若破假借之例。

臑 臑 sōu　　乾魚尾臑臑也。从肉，肅聲。《周禮》有腒臑。〔所鳩切〕

【注釋】

段注：「肅肅，各本作臑臑，今正。肅肅，乾皃。今俗尚有乾肅肅之語。《風俗通》說夏馬掉尾肅肅，古言也。」

腝 腝 ní（臡）　　有骨醢也。从肉，耎聲。〔人移切〕 臡 腝，或从難。

【注釋】

今通行重文臡。常通「煖」，溫暖、溫和也，如「溫腝」。又通「輭」，軟也，如「甘腝」。

段注：「《釋器》曰：肉謂之醢，有骨者謂之臡。《醢人》注曰：臡亦醢也。或曰：有骨為臡，無骨為醢。」

脠 脠 chān　　生肉醬也。从肉，延聲。〔丑連切〕

脢 脢 bù　　豕肉醬也。从肉，音聲。〔薄口切〕

胹 胹 ér　　爛也。从肉，而聲。〔如之切〕

【注釋】

本義是煮熟。《左傳》：「宰夫胹熊蹯不熟。」段注：「《方言》：胹，熟也。自關而西秦晉之郊曰胹。」

膞 膞 sǔn　　切孰肉內於血中和也。从肉，員聲。讀若遜。〔穌本切〕

胜 胜 xīng　　犬膏臭也。从肉，生聲。一曰：不孰也。〔桑經切〕

【注釋】

本義是狗油的氣味，今腥臊之本字也。《說文》：「腥，星見食豕，令肉中生小息肉也。」星星出現時喂豬，會使豬肉中生長小息肉。非本字明矣。今經典通用腥而胜廢矣。

胜、勝本二字二音，《說文》：「勝，任也。从力，朕聲。」本義是勝任、戰勝字。簡化漢字胜、勝歸併為一。「一曰：不孰也」，此今「生熟」字之本字也。「生」

之本義是生長，非本字明矣。見下「腥」字注。

段注：「今經典膏胜、胜肉字通用腥為之而胜廢矣，而腥之本義廢矣。」

臊 𦡞 sāo　　豕膏臭也。从肉，喿聲。〔穌遭切〕

【注釋】

狗腥豬臊，今日依然。

膮 𦡞 xiāo　　豕肉羹也。从肉，堯聲。〔許幺切〕

腥 𦡞 xìng　　星見食豕，令肉中生小息肉也。从肉，从星，星亦聲。〔穌佞切〕

【注釋】

星星出現時喂豬，會使豬肉中生長小息肉。本義是病豬肉中像星或米粒的息肉，殆今米豬肉也。引申生肉義，《公羊傳》：「腥曰脤。」脤謂生的祭肉。今作葷腥字，胜字廢。見上「胜」字注。

脂 𦡞 zhī　　戴角者脂，無角者膏。从肉，旨聲。〔旨夷切〕

【注釋】

《禮記‧內則》：「脂膏以膏之。」孔疏：「凝者為脂，釋者為膏。」

段注：「《考工記》鄭注曰：脂者牛羊屬，膏者豕屬。《內則》注曰：肥凝者為脂，釋者為膏。」

膌 𦡞 suǒ　　臎也。从肉，貨聲。〔穌果切〕

膩 𦡞 nì　　上肥也。从肉，貳聲。〔女利切〕

【注釋】

上者，外也。《說文》：「表，上衣也。」上衣者，外面之衣服也。上肥者，身體表面的油膩。引申出光滑細緻義，今有「細膩」，如「靡顏膩理」。又積污、污垢義，今有「塵膩」。

膜 𦠣 mó　　肉間胲膜也。从肉，莫聲。〔慕各切〕

膒 𦡳 ruò　　肉表革裏也。从肉，弱聲。〔而勺切〕

【注釋】

皮肉之間的薄膜。段注：「今人謂蒲本在水中者為弱，按蒻在莖之下，根之上。肉表革裏名膒，亦猶是也。」

臛 𦡺 hè（臛）　　肉羹也。从肉，隺聲。〔呼各切〕

【注釋】

不加菜的羹叫臛。臛，俗臛字。

膹 𦡍 fèn　　臛也。从肉，賁聲。〔房吻切〕

膗 𦢺 juǎn　　臛也。从肉，雋聲。讀若纂。〔子沇切〕 𤇆 膗，或从火、巽。

胾 𦠰 zì　　大臠也。从肉，𢦏聲。〔側吏切〕

【注釋】

本義是大塊肉。《詩經・魯頌・閟宮》：「毛炰胾羹，籩豆大房。」臠謂切成小塊的肉，如「嘗一臠肉知一鑊之味」。今有「臠割」，謂分割也。

牒 𦠵 zhé　　薄切肉也。从肉，枼聲。〔直葉切〕

【注釋】

從枼之字多有薄義，如碟、葉、蝶（翅膀大而薄，故謂之胡蝶，後類化作蝴蝶）、牒（薄冊）。

段注：「牒者，大片肉也。凡醢醬所和細切為齏，全物若牒為菹。」

膾 𦢾 kuài　　細切肉也。从肉，會聲。〔古外切〕

【注釋】

即肉絲也，今有「膾炙人口」。「食不厭精，膾不厭細」，膾越細越薄，越顯示刀工精妙。《詩經》有「炮鱉膾鯉」，我國古已有生切魚片之食法，謂之「魚生」。今日本名菜生魚片實源自中國。電視劇《大秦帝國》即有張儀與昭文君談生切鯉魚片之情節。

腌 𦞦 yān（醃）　　漬肉也。从肉，奄聲。〔於業切〕

【注釋】

段注：「今淹漬字當作此，淹行而醃廢矣。」

脃 𦟌 cuì（脆）　　小㬵易斷也。从肉，从絕省。〔此芮切〕

【注釋】

今俗作脆。㬵，軟之初文。《說文》無軟字。

膬 𦠇 cuì（脆）　　㬵易破也。从肉，毳聲。〔七絕切〕

【注釋】

膬、脃異體字。段注：「脃、膬蓋本一字異體，《篇》《韻》皆云：膬同脃。」

散 𣀙 sàn（散）　　雜肉也。从肉，㪔聲。〔穌旰切〕

【注釋】

隸變作散。雜肉者，碎雜的肉。《說文》：「㪔，分離也。」此乃分散之本字也，今散行而㪔廢矣。

膞 𦟝 zhuān　　切肉也。从肉，專聲。〔市沇切〕

腏 𦠏 chuò　　挑取骨間肉也。从肉，叕聲。讀若《詩》曰：啜其泣矣。〔陟劣切〕

胏 𣍧 zǐ　　食所遺也。从肉，仕聲。《易》：噬乾胏。〔阻史切〕𣍤 楊雄說，胏从朿。

胁 𦟀 xiàn　　食肉不厭也。从肉，臽聲。讀若陷。〔戶猎切〕

肰 𦚞 rán　　犬肉也。从犬、肉。讀若然。〔如延切〕𤟇古文肰。𤜂亦古文肰。

【注釋】

然從此聲。

膒 𦜻 chēn　　起也。从肉，真聲。〔昌真切〕

肬 𦙡 tǎn（醓）　　肉汁滓也。从肉，尤聲。〔他感切〕

【注釋】

本義是肉醬的汁。後作醓，《詩經》:「醓醢以薦。」段注:「《釋名》曰:醢多汁者曰醓。」

膠 𦜟 jiāo（胶）　　昵也，作之以皮。从肉，翏聲。〔古肴切〕

【注釋】

簡化字作胶，後起俗字。常用義黏著、黏合，如「膠合」「膠著」「膠柱鼓瑟。」今仍有驢皮膠。段注:「謂煮用其皮，或用角，按皮近肉，故字從肉。」

羸 𦝩 luǒ　　或曰嘼名。象形。闕。〔郎果切〕

【注釋】

今蠃、贏、羸、臝、贏等皆從此聲。段注:「云嘼名，蓋羸為臝之古字與？驢、蠃皆可畜於家，則謂之畜宜也。」

胆 𦞙 qū（蛆）　　蠅乳肉中也。从肉，且聲。〔七余切〕

【注釋】

今作蛆。段注:「《三蒼》曰:蠅乳肉中曰胆。《通俗文》云:肉中蟲曰胆。」

肙 𦙄 yuān　　小蟲也。从肉，口聲。一曰:空也。〔烏玄切〕〔臣鉉等

曰：囗，音韋。〕

【注釋】

肙即孑孓，蚊子的幼蟲，俗稱跟頭蟲。「一曰：空也」，從肙之字多有空義。《說文》：「㾠，一曰：窒也。」《廣雅》：「㾠，剈也。」剈出則空矣。肙為蜎之初文也。

段注：「《虫部》蜎下曰：肙也。《考工記》注云：謂若井中蟲蜎蜎。按井中孑孓，蟲之至小者也，不獨井中有之。字從肉者，狀其奭也。從囗者，象其首尾相接之狀也。各本有聲字，非也。」

腐 fǔ　　爛也。從肉，府聲。〔扶雨切〕

【注釋】

腐刑，宮刑也。

肎 kěn（肯）　　骨間肉，肎肎箸也。從肉，從冎省。一曰：骨無肉也。〔苦等切〕古文肎。

【注釋】

俗字作肯，《說文》無肯。本義是骨頭上附著的肉。《莊子·養生主》：「技經肯綮之未嘗。」「肯綮」指筋骨結合處，喻重要的關鍵。「中肯」謂中其窾隙也。二詞均保留本義。「肯肯」謂結實貌。引申為確定義，今有「肯定」，「詳肯」謂詳細肯定也。今心所願曰肯，肯之言可也，一語之轉也。

段注：「肎肎，附箸難解之皃。按肎之言可也，故心所願曰肎。得其窾郤曰中肎，引申之義也。隸作肯。」

肥 féi　　多肉也。從肉，從卪。〔臣鉉等曰：肉不可過多，故從卪。〕〔符非切〕

文一百四十　重二十

肹 qǐ　　肥腸也。從肉，啟省聲。〔康禮切〕

【注釋】

即腓，腿肚子也。肥腸即腓腸也。

朘 𦞩 zuī　　赤子陰也。从肉，夋聲。或从血。〔子回切〕

【注釋】

段注：「《老子》：未知牝牡之合而朘作。河上本如是，按此字各本無之。」此字乃屬徐鉉所增，蓋產生頗晚。

朘子，今四川方言之錘子也。「錘子」最早當寫作脽，《說文》：「脽，臀也。」後又造出後起本字朘。見前「脽」字注。

腔 𦞕 qiāng　　內空也。从肉，从空，空亦聲。〔苦江切〕

【注釋】

腔，空也。一語之轉也。器物中空部分亦謂之腔，如「爐腔」。

胸 𦞗 rùn　　胸朒，蟲名。漢中有胸朒縣，地下多此蟲，因以為名。从肉，旬聲。考其義，當作潤蟲。〔如順切〕

朒 𦞚 chǔn　　胸朒也。从肉，忍聲。〔尺尹切〕

文五　新附

筋部

筋 𥲤 jīn　　肉之力也。从力，从肉，从竹。竹，物之多筋者。凡筋之屬皆从筋。〔居銀切〕

【注釋】

肉之力者，肉中之筋也。《說文》：「力，筋也。象人筋之形。」力、筋同物。肌肉古稱筋。段注：「力下曰：筋也。筋力同物，今人殊之耳。《考工記》故書筋或作蕛。」

笏 𥱼 jiàn（腱）　　筋之本也。从筋省，从夗省聲。〔渠建切〕𦝱 笏，或从肉、建。

【注釋】

今通行重文腱，本義即肌腱。

箹 箹 bó　　手足指節鳴也。从筋省，勺聲。〔北角切〕𥵓箹，或省竹。

文三　重三

刀部

刀 𠚣 dāo　　兵也。象形。凡刀之屬皆从刀。〔都牢切〕

【注釋】

本義是兵器。古代一種錢幣，形狀如刀，故稱。齊國的貨幣即刀幣。刀作為錢幣泛稱，如「刀布」謂錢幣也。又有小船義，《廣雅》：「刀，舟也。」後作「舠」。《詩經》：「誰謂河廣，曾不容刀。」段注：「《衛風》假借為舠字。」

刌 𠚥 fǒu　　刀握也。从刀，缶聲。〔方九切〕

【注釋】

弓把曰弣，刀把曰刌。

剴 𠚩 è（鍔、剴）　　刀劍刃也。从刀，咢聲。〔臣鉉等曰：今俗作鍔，非是。〕〔五各切〕𧛨籀文剴，从韌，从各。

【注釋】

俗字作鍔，刀刃也。刃者，兩邊之謂也。鋒者，尖端之謂也。毛澤東詞：「刺破青天鍔未殘。」重文剴，今音 lüè，《爾雅》：「剡、剴，利也。」乃鋒利義，《詩經》「有略其耜」之本字也。

削 𠝂 xuē　　鞞也。一曰：析也。从刀，肖聲。〔息約切〕

【注釋】

此刀鞘之本字也。《說文》：「鞘，刀室也。」此字後起，乃徐鉉所增。

段注：「《方言》：劍削，自河而北燕趙之間謂之室，自關而東或謂之廓，或謂之削，自關而西謂之鞞。」

刉 𠝹 gōu　　鎌也。从刀，句聲。〔古侯切〕

【注釋】

本義是鐮刀，或寫作「鉤」。

劊 劏 kǎi 大鐮也。一曰：摩也。从刀，豈聲。〔五來切〕

【注釋】

本義是大鐮刀，本義不常用。「一曰：摩也」，摩者，劊也，有諫諍義，《漢書》：「賈山自下劊上。」故劊亦有諷喻諫諍義。「劊諷」謂諷喻也。劊另有切實義，常「劊切」連用，同義連文，摩、切皆接近也，謂切合事理也，如「劊切中理」，「劊切教導」謂切實教導也。

剞 劏 jī 剞劂，曲刀也。从刀，奇聲。〔居綺切〕

劂 劏 jué 剞劂也。从刀，屈聲。〔九勿切〕

【注釋】

剞劂謂曲刀，孑孑謂蚊子的幼蟲，形曲。一語之轉，同源詞也。也作「剞劂」，常指雕刻用的彎刀，又代指雕版刻書，如「已付剞劂」，謂已開版雕刻。

利 劏 lì 銛也。从刀，和然後利，从和省。《易》曰：利者，義之和也。〔力至切〕 劏 古文利。

【注釋】

利之本義為鋒利。甲骨文作 劏，乃犁之初文，從禾，從刀，其小點象犁出之土塊。段注：「銛者，耒屬，引申為銛利字，銛利引申為凡利害之利。」

剡 劏 yǎn 銳利也。从刀，炎聲。〔以冉切〕

【注釋】

本義是鋒利、銳利。《爾雅》：「剡、剨，利也。」引申為動詞削刮、削尖，如「剡木為犁，不加金刃」。

初 劏 chū 始也。从刀，从衣。裁衣之始也。〔楚居切〕

【注釋】

初之本義為開始，乃其實義也。裁衣之始者，非實際意義，乃其造意也。造意者，乃造字者所選之構字場景意象，非實際語言中存在之意義。如乘字，甲骨文像人登木之形，此亦造意。乘之本義為登，非謂人登木也。

段注：「《衣部》曰：裁，製衣也。製衣以針，用刀則為制之始，引申為凡始之偁。此說从刀衣之意。」

初有開始義，引申有才義，杜甫《聞官軍收河南河北》：「劍外忽傳收薊北，初聞涕淚滿衣裳。」始有開始義，亦引申有才義，如「開會開到五點始畢」。同步引申也。「初無」者，毫無、絕無也，非開始沒有也。

剃jiǎn（前、剪）　　齊斷也。从刀，歬聲。〔子善切〕

【注釋】

剃，隸定字形，隸變作前，前實剪之初文，《說文》無剪，剪乃後起字。見「前」「翦」字注。

段注：「許必云齊斷者，為其从刀也，其始前為刀名，因為斷物之名。前古假借作翦，《召南》毛傳曰：翦，去也。今字作剪，俗。」

則zé　　等畫物也。从刀，从貝。貝，古之物貨也。〔子德切〕古文則。亦古文則。籀文則，从鼎。

【注釋】

本義即準則、法則。

段注：「等畫物者，定其差等而各為介畫也，今俗云科則是也，介畫之，故从刀。引申之為法則，假借之為語詞。」

引申為效法義，今有「則古聖賢之道」。虛詞有乃也、是也，《岳陽樓記》：「此則岳陽樓之大觀也。」又連詞，表對比，《荀子》：「內則百姓疾之，外則諸侯叛之。」又表假設，《孟子》：「入則無法家拂士，出則無敵國外患者，國恒亡。」又表示轉折，雖然，《詩經》：「其室則邇，其人甚遠。」

剛gāng　　強斷也。从刀，岡聲。〔古郎切〕古文剛，如此。

【注釋】

本義是強斷，引申出強義，今有「剛強」。

段注：「有力而斷之也，《周書》所謂剛克，引申凡有力曰剛。」

剬 𱁛 duān　　斷齊也。从刀，耑聲。〔旨兗切〕

劊 𱁜 guì　　斷也。从刀，會聲。〔古外切〕

【注釋】

本義是砍斷。今有「劊子手」，持刀斷人首者也。

切 𱁝 qiē　　刌也。从刀，七聲。〔千結切〕

【注釋】

本義是用刀切，切東西刀必挨近，故引申出接近義。數學上有切線，音韻學有反切，謂上下字相接近得其音也。醫學上有切脈，謂以手接近脈搏也。今有「切身利益」。挨近則合，故有符合義，今有「切於實用」「不切實際」。「咬牙切齒」者，謂上下牙齒相挨近也。

切齒猶磨牙也，引申磨義，今有「切磋琢磨」，同義連文也，《爾雅》：「治骨曰切，象曰磋，玉曰琢，石曰磨。」挨近則急，引申出急迫義，今有「急切」。又引申出誠懇義，今有「懇切」，皆同義連文也。古之詞雖亡，但作為語素，其義仍活著。明此理，則事半而功倍矣。

段注：「引申為迫切，又為一切，俗讀七計切。師古曰：一切者，權時之事，如以刀切物，苟取整齊，不顧長短縱橫，故言一切。」

刌 𱁞 cǔn　　切也。从刀，寸聲。〔倉本切〕

【注釋】

段注：「凡斷物必合法度，故从寸。」

劈 𱁟 xiè　　斷也。从刀，辥聲。〔私列切〕

剞 𱁠 jī（刉）　　劃傷也。从刀，气聲。一曰：斷也。又讀若殲。一曰：

刀不利，於瓦石上刉之。〔古外切〕

【注釋】

今作刉，劃傷也。「一曰：斷也」，又切割也。

劇 guì　　利傷也。从刀，歲聲。〔居衛切〕

【注釋】

刺傷也。「廉而不劌」謂有棱角但不至於刺傷別人，喻為人廉正寬厚。古人有曹劌。

刻 kè　　鏤也。从刀，亥聲。〔苦得切〕

【注釋】

本義是用刀刻，引申出刻薄、苛刻義，如「大刻於民」。引申減損、削減義，《荀子》：「刻生附死謂之惑。」「刻意」原謂約束自己的心意，今謂用盡心思，如「刻意為之」。

古時漏壺上有刻度以計時，晝夜百刻，後改為九十六刻，一刻約十五分鐘，與今之刻吻合。後泛指時間，如「即刻」「頃刻」。

段注：「《釋器》曰：金謂之鏤，木謂之刻。此析言之。統言則刻亦鏤也，引申為刻核、刻薄之刻。」

副 pì　　判也。从刀，畐聲。《周禮》曰：副辜祭。〔芳逼切〕 籒文副。

【注釋】

副之本義為分開。二把手的職責是幫助一把手，故引申出幫助義，《素問》：「為萬民副。」「貳」有分開義，有副手義，有幫助義，「副」亦有此三義，同步引申也。

剖 pōu　　判也。从刀，音聲。〔浦后切〕

辧 biàn（辨）　　判也。从刀，辡聲。〔蒲莧切〕

【注釋】

今隸變作辨。辨的本義是劈開。

段注：「古辨、判、別三字義同也。辨从刀，俗作辨，為辨別字，符蹇切。別作从力之辨，為榦辦字，蒲莧切。古辨別、榦辦無二義，亦無二形二音也。」

判 𛰤 pàn　　分也。从刀，半聲。〔普半切〕

【注釋】

本義是劈開。判者，斷也。今有「判斷」，保留本義。《說文》「解」字云：「从刀判牛角。」謂用刀把牛角從牛身上割下來。引申為區別、分辨，《莊子》：「判天地之美，析萬物之理。」高位兼任低職或出任地方官謂之判，也謂之領。

段注：「《媒氏》：掌萬民之判。注：判，半也，得耦為合，主合其半，成夫婦也。《朝士》：有判書以治則聽。注：判，半分而合者。」判既有分義，又有合義，正反同辭也。

劇 𛰤 duó　　判也。从刀，度聲。〔徒洛切〕

【注釋】

《左傳》「山有木，工則度之」之本字也。《爾雅》：「木謂之劇。」加工木頭謂之劇。

刳 𛰤 kū　　判也。从刀，夸聲。〔苦孤切〕

【注釋】

本義為挖空，古有「刳木為舟」。刳者，窟也，同源詞也。泛指剖開。段注：「《繫辭》：刳木為舟。亦謂虛木之中。」

列 𛰤 liè　　分解也。从刀，歺聲。〔良薛切〕

【注釋】

此分裂字之初文也。《說文》：「裂，繒餘也。」本義是裁剪後的絲綢殘餘，列聲兼義。本義是分裂，引申為排列義，引申為眾多義，今有「列位」「東周列國」。又有陳述義，如「拳拳之衷，終不能自列」。今有「陳列」。又類也，今有「不在討論之列」。

刊 kān　劉也。从刀，干聲。〔苦寒切〕

【注釋】

本義是砍削，引申為消除、修改，今有「刊誤」，或作「勘誤」。又有刻義，今有「刊刻」「刊石」。

剟 zhuō　刊也。从刀，叕聲。〔陟劣切〕

【注釋】

即消去。

刪 shān　剟也。从刀、冊。冊，書也。〔所奸切〕

【注釋】

段注：「凡言刪剟者，有所去即有所取。如《史記・司馬相如傳》曰：故刪取其要，歸正道而論之。刪取猶節取也，謂去其侈靡過實。《藝文志》曰：今刪其要以備篇籍。刪其要謂取其要也。不然，豈劉歆《七略》之要，孟堅盡刪去之乎？」

段氏揭示了正反同辭現象。

劈 pì　破也。从刀，辟聲。〔普擊切〕

【注釋】

段注：「此字義與副近而不同，今字用劈為副，劈行而副廢矣。」

剝 bō　裂也。从刀，从录。录，刻割也。录亦聲。〔北角切〕 剝，或从卜。

【注釋】

本義是裂開。今有「剝裂」，《說文》：「卜，灼剝龜也。」剝，裂也。常通「撲」，擊打也。《詩經》：「八月剝棗，十月穫稻。」六十四卦剝卦後是復卦，取盡而復始之義。

段注：「《豳風》假剝為攴，『八月剝棗』，毛曰：剝，擊也。」

割 gē　剝也。从刀，害聲。〔古達切〕

劙 𢃤 lí　剝也，劃也。从刀，劦聲。〔里之切〕

【注釋】

本義是劃破，如「劙面」。段注：「《方言》：劙，解也。劙與劙雙聲義近。」諧聲與複輔音 hl 有關。

劃 𠟃 huá（划）　錐刀曰劃。从刀，从畫，畫亦聲。〔呼麥切〕

【注釋】

用錐刀劃破叫作劃。古劃、划二字有別，《說文》無划字，《廣韻》：「划，撥進船也。」划船只能用划字。簡化漢字後二字歸併為一。

剈 𠟝 yuān　挑取也。从刀，肙聲。一曰：窒也。〔烏玄切〕

【注釋】

本義是挑出來。《廣雅》：「剈，剜也。」從肙聲，聲兼義也。肙，空也。段注：「今俗云剜，許書無剜字。」

劀 𠟄 guā　刮去惡創肉也。从刀，矞聲。《周禮》曰：劀殺之齊。〔古鎋切〕

劑 𠟎 jì　齊也。从刀，从齊，齊亦聲。〔在詣切〕

【注釋】

本義為剪齊。《爾雅》：「劑、剪，齊也。」郭璞注：「南方人呼剪刀為劑刀。」劑是剪斷割破義。《新書》：「豫讓劑面而變容。」引申出契約，如「質劑」。又有調整義，今有「調劑」。

刷 𠜵 shuā　刮也。从刀，㕞省聲。《禮》有刷巾。〔所劣切〕

【注釋】

《說文》：「㕞，飾也。」㕞乃今刷子之本字。今刷行而㕞廢矣。

刮 𠜱 guā　掊把也。从刀，昏聲。〔古八切〕

【注釋】

本義是刮摩，段注改作「捊杷也」。

剽 piào　　砭刺也。从刀，票聲。一曰：剽，劫人也。〔匹妙切〕

【注釋】

常用義有搶劫，今有「剽掠」，同義連文。今有「剽竊」。有動作輕快義，如「剽悍」，剽即輕也。從票之字多有輕義，見「飄」字注。

段注：「砭刺必用其器之末，因之凡末謂之剽。」

刲 kuī　　刺也。从刀，圭聲。《易》曰：士刲羊。〔苦圭切〕

【注釋】

本義是刺也，割也。《廣雅》：「刲，屠也。」「刲刺」，刺殺。「刲剔」，屠殺剖解。「刲宰」，宰殺。「刲股」，割大腿肉。

剉 cuò　　折傷也。从刀，坐聲。〔粗臥切〕

【注釋】

本義是折損，如「廉則剉」，刀口鋒利即容易折損。該義後寫作「挫」，今有「挫折」。

剿 jiǎo（勦）　　絕也。从刀，喿聲。《周書》曰：天用剿絕其命。〔子小切〕

【注釋】

此剿滅之古字，《說文》無勦字。

刖 yuè　　絕也。从刀，月聲。〔魚厥切〕

【注釋】

斷腳也。段注：「凡絕皆偁刖。」

刜 fú　　擊也。从刀，弗聲。〔分勿切〕

【注釋】

刀砍也。

刺 𪐴 chì　　傷也。从刀，柒聲。〔親結切〕

劖 𪐴 chán　　斷也。从刀，毚聲。一曰：劋也，釗也。〔鋤銜切〕

【注釋】

砍也，刻也，與《金部》鑱義略近。

刓 𪐴 wán　　剸也。从刀，元聲。一曰：齊也。〔五丸切〕

【注釋】

削方成圓謂之刓，泛指削刻，《廣雅》：「刓，刻也。」又指圓形，今有「方刓」，謂方圓也。又圓鈍無棱角的樣子，如「血兵刓刃，謹就厥功」。

釗 𪐴 zhāo　　刓也。从刀，从金。周康王名。〔止遙切〕

【注釋】

本義為磨損、削損。承培元《引經證例》：「釗，謂摩去器芒角也。」常用義是鼓舞、勉勵義。《爾雅》：「釗，勉也。」

制 𪐴 zhì　　裁也。从刀，从未。未，物成，有滋味，可裁斷。一曰：止也。〔征例切〕𪐴 古文制如此。

【注釋】

制之本義是制作，製的本義是製作衣服。《說文》：「製，裁衣也。」「裁，製衣也。」制、製為古今字，後意義有分工，「制度」「遏制」不能作製。簡化漢字制、製歸併為一。

制之常用義甚多，引申為加工義，引申為寫作，「制詩一首」，謂作詩一首也。又作名詞作品義，今有「鴻篇巨制」。有禁止、遏制義，今有「限制」「制裁」，同義連文。

又有規定義，如「周公制禮作樂」，今有「因地制宜」「制定」，同義連文，制即定也。又有規模義，《岳陽樓記》：「增其舊制。」又皇帝的命令，如「制誥」「制

貢舉」。守父母之喪為制，《紅樓夢》：「因在制中，不便行禮。」給父母守喪叫「守制」。

刮 𠚏 diàn（玷）　　缺也。从刀，占聲。《詩》曰：白圭之刮。〔丁念切〕

【注釋】

此玷污之古字也，《說文》無玷字。本義是白玉上的斑點，引申為缺點。引申為弄髒義，今有「玷污」。

段注：「《大雅·抑》詩：白圭之玷。毛曰：玷，缺也。箋云：玉之缺尚可磨鑢而平。按刮、玷古今字。」

罰 𠛬 fá　　罪之小者。从刀，从詈。未以刀有所賊，但持刀罵詈，則應罰。〔房越切〕

【注釋】

本義是懲罰。有出錢贖罪義，《周禮》：「受士之金罰貨罰。」段注：「罰為犯法之小者，刑為罰辜之重者，五罰輕於五刑。」

刵 𠛡 èr　　斷耳也。从刀，从耳。〔仍吏切〕

【注釋】

古代割耳的刑罰。段注：「五刑之外有刵，軍戰則不服者殺而獻其左耳曰馘。《周禮》：田獵取禽左耳以效功曰珥。」

劓 𠛬 yì（劓）　　刑鼻也。从刀，臬聲。《易》曰：天且劓。〔魚器切〕𠛬
劓，或从鼻。

【注釋】

今通行重文劓。五刑之一，引申出割除、削弱義，《尚書》：「劓割夏邑。」

刑 𠛤 xíng　　剄也。从刀，幵聲。〔戶經切〕

【注釋】

《說文·井部》：「荆，罰罪也。从井，从刀。」按照《說文》文字體系，刑罰

字本當作荆。林義光《文源》:「荆、刑本同字,并訛為开,又訛為开。」可備一家之說。

常用義有懲罰也,如「刑不上大夫」「刑過賞善」。引申有殺也,如「刑殺」。「刑天」謂砍頭也。又有模子義,如「刑範」,後作「型」。

剄 𠜾 jǐng　　刑也。从刀,巠聲。〔古零切〕

【注釋】

段注:「《耳部》曰:小罪聅,中罪刵,大罪剄。剄謂斷頭也。」

劗 𠝔 zǔn(撙)　　減也。从刀,尊聲。〔茲損切〕

【注釋】

本義是節制、抑制。今撙節之古字也。「撙節」者,克制約束也。《說文》無撙字。

劍 𠛦 jié　　楚人謂治魚也。从刀,从魚。讀若鍥。〔古屑切〕

【注釋】

薊縣字從此聲。

券 𠥼 quàn　　契也。从刀,龹聲。券別之書,以刀判契其旁,故曰契券。〔去願切〕

【注釋】

書契是作為憑據之用的文字契約,後指文字,如羅振玉《殷墟書契》。

刺 𠛬 cì　　君殺大夫曰刺。刺,直傷也。从刀,从朿,朿亦聲。〔七賜切〕

【注釋】

本義是刺殺,斥責、指責亦謂之刺,今有「刺過」。引申為探取,今有「刺探」「刺取」。「名刺」謂名帖也,類今之名片。「通刺」謂送上名片。古撐船也叫「刺船」。「刺促」「刺蹙」謂忙碌的樣子。李白詩:「鳳饑不啄粟,所食唯琅玕,焉能與群雞,刺蹙爭一餐。」

剔 𢴜 tī　　解骨也。从刀，易聲。〔他歷切〕

文六十二　重九

刎 𠛅 wěn　　剄也。从刀，勿聲。〔武粉切〕

【注釋】

泛指割斷。《廣雅》：「刎，斷也。」《韓非子》：「抽刀而刎其腳。」

剜 𠜱 wān　　削也。从刀，宛聲。〔一丸切〕

劇 𠜶 jù　　尤甚也。从刀，未詳，豦聲。〔渠力切〕

【注釋】

《說文·力部》：「勮，務也。从力，豦聲。」段注：「務者，趣也，用力尤甚者，字訛从刀作劇。」

據段注，勮乃劇之古字也，俗字刀、力相訛者甚多，今簡化作劇。劇有厲害、嚴重義，今有「加劇」「急劇」。又有複雜、艱難義，與「易」相對，「做事不辭劇易」謂不辭難易也。《商君書》：「事劇而功寡。」

剎 𣏙 chà　　柱也。从刀，未詳，殺省聲。〔初轄切〕

【注釋】

梵語剎多羅的省稱。本義為土或田，佛教語「剎土」謂之田土、國土。轉指佛寺、佛塔，如古剎、寶剎。

今「剎那」為梵語 ksana 的音譯，表示極短促的瞬間。柱者，《玉篇》：「剎，剎柱也。」指佛塔上面之柱子，以安佛骨。《洛陽伽藍記·永寧寺》：「有九層浮屠一所，架木為之，高九十丈，上剎，復高十丈。」胡三省注：「剎，柱也。浮屠上柱，今謂之相輪。」

文四　新附

刃部

刃 𠛉 rèn　　刀堅也。象刀有刃之形。凡刃之屬皆从刃。〔而振切〕

【注釋】

刀堅者，刀的堅利部分。今俗語仍有「有鋼用到刀刃上」之說。泛指刀劍，今有「兵刃」「彎月刃」。又用刀殺，如「手刃此賊」。

刅 刅 chuāng（創） 傷也。从刃，从一。〔楚良切〕刅 或从刀，倉聲。〔臣鉉等曰：今俗別作瘡，非是也。〕

【注釋】

今通行重文創字，簡化作创。創之本義為創傷。

段注：「凡刀創及創瘍字皆作此。俗變作瘡，多用創為刱字。」《說文》：「刱，造法刱業也。」此乃創造之本字。

劒 劒 jiàn（劍） 人所帶兵也。从刃，僉聲。〔居欠切〕劒 籀文劒，从刀。

【注釋】

今通行籀文劍，簡化作剑。段注：「桃氏為劍，有上制，有中制，有下制。注云：此今之匕首也，人各以其形兒大小帶之。」

文三 重二

韧部

韧 韧 qià 巧韧也。从刀，丰聲。凡韧之屬皆从韧。〔恰八切〕

韧 韧 jiá 齘韧，刮也。从韧，夬聲。一曰：韧，畫堅也。〔古黠切〕

契 契 qì（契） 刻也。从韧，从木。〔苦計切〕

【注釋】

《說文》：「契，大約也。」契常用義刻也，合也，今有「默契」。「契闊」，闊，開也；契，合也。謂離合也，《詩經》：「死生契闊。」又久別也，《短歌行》：「契闊談宴，心念舊恩。」又辛苦也，如「白首甘契闊」。見「契」字注。

文三

丰部

丰 丰 jiè　　艸蔡也。象艸生之散亂也。凡丰之屬皆从丰。讀若介。〔古拜切〕

【注釋】

丰乃草芥之本字也。《說文》：「芥，菜也。」本義是芥菜，非本字明矣。

段注：「《方言》：蘇、芥，草也。江淮南楚之間曰蘇，自關而西或曰草，或曰芥，南楚江湘之間謂之莽。按凡言艸芥，皆丰之假借也，芥行而丰廢矣。」

辂 𥳎 gé　　枝辂也。从丰，各聲。〔古百切〕

【注釋】

今「格格不入」之本字也。《小爾雅》：「格，止也。」《說文》：「格，木長貌。」非本字明矣。

段注：「枝辂者，遮禦之意。《玉篇》曰：辂，枝柯也。《釋名》：戟，格也。旁有枝格也。庾信賦：草樹溷淆，枝格相交。格行而辂廢矣。」

文二

耒部

耒 耒 lěi　　手耕曲木也。从木推丰。古者垂作耒耜以振民也。凡耒之屬皆从耒。〔盧對切〕

【注釋】

名物字連用、單用所指非一。耒字單用，指古代的一種翻土農具，形如二齒木叉（即類似鐵鍬缺少中間部分）。上是木曲柄，下面是二齒鍬頭，用以鬆土，可看作鐵鍬的前身。起初是用自然的曲木，刺地而耕，後來知道「揉木為耒」，就演變成了今日平刃的鐵鍬。下圖為「神農執耒圖」。

徐中舒《耒耜考》:「南澳洲土人亦有利用石斧、石鍔、鹿角等物以為耕作者,但此均須掘地,較木耕尤為勞苦,故木製歧頭之耒,乃是最自然最適宜的農具,後來金屬製的兩刃鍬臿,就是模仿這種樹枝式木製歧頭之耒的形式。……耒的演變,由木製演變成金屬製,由歧頭變成平刃,由平首變成空首。……蓋耒既變為鍬、臿,於是此最初形式,即被利用箝取禾穗,或叉取禾束。《說文》:耒,兩刃臿也。字或作鏵、鍰、鈣、茉、杈,古同在歌部,故得相通。……以杈刺泥中,與耤田以杈刺地狀況正同,故耒亦得稱杈,聲轉為鏵、鍰、鈣。」

耒耜連用,耒指耒耜上的木曲柄,相當於犁柄;耜指耒耜下端的起土部分,相當於犁鏵。耒耜是古代曲柄起土的農器,即手犁之前身。《六書故》:「耜,耒下刺土臿也。古以木為之,後世以金。」各地曾出土木耜、骨耜,青銅耜出現於商代晚期。實際出土的都是耜頭,形制為扁狀尖頭,用以裝在厚實的長條木板上。木板肩部連接彎曲而前傾的長柄。柄與木板連接處有一段短木,柄末端安橫木。使用時,手執橫木,腳踩耜頭短木,使耜頭入土起土。下圖為「耒耜」圖,見《三才圖會》。今環江毛南族、全州瑤族的踏犁與此極為像似。見「枱」字注。耒,泛指犁,《韓非子》:「因釋其耒而守柱。」

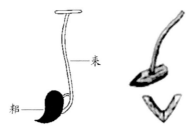

徐中舒《耒耜考》:「耒與耜為兩種不同的農具。耒下歧頭,耜下一刃,耒為仿傚樹枝式的農具,耜為仿傚木棒式的農具。……最初的犁,即為此種耜形的放大,戴於木上,其形如冠,故稱犁冠,字或作錧,混言曰犁,析言曰犁冠、犁錧,其實仍是一物。……耜及犁冠作半圓形者,乃其演進中最宜當的形式,《易·繫辭下》云:斲木為耜。最初的耜大概就是木製的圓頭平葉式的農具。圓頭取其刺地深,平葉取其發土多。到了銅器時代,社會上漸次覺得木製的農具不及金屬製的犀利,於是就在平葉前端嵌入半圓形的金屬製耜。」

「耒、耜為兩種不同的農具。由耒變為鐵鍬,由耜變為耕犁,二者各有其演進的道路。……耒為殷人習用之農具,殷亡以後,即為東方諸國所承用。耜為西土習用的農具,東遷以後,仍行於汧、渭之間。……耒、耜二物,在實際上本有明顯的分別,但其名稱則極混淆。向來注家都以耒為耜上句木,耜為耒下入土的金。……耒、耜同

為耕田刺土之具，其形式的不同，本不是當時人所注意的。且其通行的地域不同，一般人亦無互相比較的機會。所以東方人以為耒，即西方之耜；西方人以為耜，即東方之耒，於是此耒、耜二名，就漸形成一物，鑄成一個成語——耒耜。耒耜並稱的由來，當是如此。」

東方用耒，西方用耜，這種說法不大可信。黃金貴先生認為：耜是耒發展而來的。耒是最早的曲柄、尖頭翻土農具，發展為耜；耜是直柄、扁平寬刃、用於耦耕的翻土農具；犁是由曲柄的耒發展而來，耒的下部綁一長直木或栓上繩索，用人或畜生拉曳，即是原始之犁。耒、犁聲韻相近，語源同。耜後來發展為鐵鍬。聊備一說，參《古代漢語文化百科辭典》。耒、犁同源，不大可信。犁得名於分離，劙、釐、利皆同源詞。比較而言，徐氏之說更可信。

耕 耕 gēng 犁也。从耒，井聲。一曰：古者井田。〔古莖切〕

【注釋】

段注：「《牛部》曰：犎，耕也。人用以發土，亦謂之耕。从耒、井，會意包形聲。詳見前「犎」字注。

據段注，耕的本義是犁，名詞。孔子的弟子司馬牛，名耕，一名犁，字子牛。「司馬牛之歎」謂孑然一身、孤立無援的感歎。《論語》：「司馬牛憂曰：人皆有兄弟，我獨無。」

耦 耦 ǒu 耒廣五寸為伐，二伐為耦。从耒，禺聲。〔五口切〕

【注釋】

一耦所翻之地，寬一尺，深一尺。二人並肩用耦耕作亦謂之耦。

《周禮》：「以歲時合耦於鋤。」鄭玄注：「二耜為耦，此言兩人相助，耦而耕也。」《論語》：「長沮、桀溺耦而耕。」從禺之字多有對偶義，見前「藕」字注。今人有唐耕耦。

耤 耤 jí 帝耤千畝也。古者使民如借，故謂之耤。从耒，昔聲。〔秦昔切〕

【注釋】

古者立春時，帝王百官要到城之南郊舉行「籍田禮」，皇帝親自耕作以勸農，這

片田地謂之「籍田」，皇帝三推三反，做做樣子而已，餘下的要憑藉他人之力耕種，故謂之籍。籍者，借也。

清代時皇帝的「籍田」是一畝三分地，故今之俗語實源於此。今北京先農壇乃古之帝王籍田之遺跡。今清明節，國家領導人到郊外植樹，大率古籍田之遺風。

耒圭 guī　　冊又，可以劃麥，河內用之。从耒，圭聲。〔古攜切〕

【注釋】

段注改作「冊叉」，云：「冊叉可以劃麥，即今俗用麥杷也。《木部》曰：杷，收麥器也。謂之冊叉者，言其多爪可掊杷也。」

耘員 yún（耘）　　除苗間穢也。从耒，員聲。〔羽文切〕耘　耘，或从芸。

【注釋】

今通行之耘實乃重文之省。古耕耘有別，耕者，翻地也；耘者，拔草也。舜在厲山耕作時，有大象為之耕，小鳥為之耘。今二十四孝有「孝感動天」，即言此事。

鋤助 chú（鋤）　　商人七十而鋤。鋤、耤，稅也。从耒，助聲。《周禮》曰：以興鋤利萌。〔床倨切〕

【注釋】

鋤的本義是一種稅法，種田七十畝行鋤法。《孟子》作助，《孟子》：「夏后氏五十而貢，殷人七十而助，周人百畝而徹。」今鋤地字本字當作鉏，《說文》：「鉏，立薅所用也。」《說文》無鋤字，產生略晚。鋤產生的時代，已無鋤法，故後鋤、鋤變為異體字。

文七　重一

角部

角角 jiǎo　　獸角也。象形，角與刀、魚相似。凡角之屬皆从角。〔古岳切〕

【注釋】

本義是獸角。角突出於體外，「角立」謂超群出眾，又指對立，如「南北角立」。又有較量義，今有「角逐」。古代酒器、樂器都謂之角，似角之狀也，如「畫角」，軍

中樂器，外加彩繪，故稱。

觠 觠 xuān　　揮角貌。从角，瞏聲。梁鄡縣有觠亭。又讀若繯。〔況袁切〕

觮 觮 lù　　角也。从角，樂聲。張掖有觮得縣。〔盧谷切〕

䚡 䚡 sāi　　角中骨也。从角，思聲。〔穌來切〕

【注釋】

常用義是紋理。從思之字多有紋理義，如䚡、緦（細麻布）。段注：「侖，思也。《侖部》曰：侖，理也。是思即理也。此云思聲，包會意。」

觠 觠 quán　　曲角也。从角，龹聲。〔巨員切〕

觬 觬 ní　　角觬曲也。从角，兒聲。西河有觬氏縣。〔研啟切〕

觢 觢 shì　　二角仰也。从角，韧聲。《易》曰：其牛觢。〔臣鉉等曰：當从契省，乃得聲。〕〔尺制切〕

觶 觶 zhì　　角傾也。从角，虒聲。〔敕豸切〕

觭 觭 qī　　角一俯一仰也。从角，奇聲。〔去奇切〕

【注釋】

從奇之字多有不齊義，如踦（一足也）、犄（虎牙也）、掎（偏引也）、騎、綺（有花紋的絲織品）等。

觓 觓 qiú　　角貌。从角，丩聲。《詩》曰：兕觥其觓。〔渠幽切〕

【注釋】

角貌者，角彎曲貌也。丩，相糾繚也。糾繚者，纏繞也。從丩之字多有彎曲義，句（曲也）、糾（繩三合也）、虯（龍子有角者）。

段注：「《周頌》：有捄其角。傳云：社稷之牛角尺。箋云：捄，角皃。捄者，觓

之假借字也。《小雅・桑扈》：兕觥其觩。俗作觠。」

　　觟 䚩 wēi　　角曲中也。从角，畏聲。〔烏賄切〕

【注釋】

　　從畏之字多有彎曲義，如隈（水曲，隩也），指水的彎曲處。段注：「《大射儀》『弓淵』字作隈，弓之中曰畏，角之中曰觟，皆其曲處。」

　　觕 觕 zhuó　　角長貌。从角，丵聲。〔士角切〕

【注釋】

　　段注：「按此字見於經史者皆訛為觕。《公羊傳》曰：觕者曰侵，精者曰伐。何曰：觕，麤也。」

　　觕、麤（或作麁，俗字也，乃重文符號替換形成）均為粗之異體。《說文》：「粗，疏也。」本義是米不精細，引申為凡物之粗疏。

　　觖 觖 jué　　角有所觸發也。从角，厥聲。〔居月切〕

　　觸 觸 chù　　抵也。从角，蜀聲。〔尺玉切〕

　　觲 觲 xīng　　用角低仰便也。从羊、牛、角。《詩》曰：觲觲角弓。〔息營切〕

【注釋】

　　觲觲，古同「騂騂」，（弓）調得很好的樣子。

　　舡 舡 gāng　　舉角也。从角，公聲。〔古雙切〕

　　觷 觷 xué　　治角也。从角，學省聲。〔胡角切〕

　　衡 衡 héng　　牛觸，橫大木其角。从角，从大，行聲。《詩》曰：設其楅衡。〔戶庚切〕 奧 古文衡如此。

【注釋】

衡的本義是牛頭上放置的橫木。平衡義乃引申義也。古有「權衡」一詞，權者，秤錘也；衡者，秤桿也。《金粉世家》金總理名權，字子衡，名字相關也。「度量衡」者，衡表重量。

觼 觼 duān　　角觼，獸也，狀似豕，角善為弓，出胡休多國。从角，耑聲。〔多官切〕

【注釋】

善，易也，便也。今有「善變」「善疑」。見「善」字注。

觰 觰 zhā　　觰拏，獸也。从角，者聲。一曰：下大者也。〔陟加切〕

觤 觤 guǐ　　羊角不齊也。从角，危聲。〔過委切〕

觟 觟 huà　　牝牂羊生角者也。从角，圭聲。〔下瓦切〕

【注釋】

母綿羊一般沒有角，公羊有螺旋狀的大角，母山羊有細小的角。「童羖」謂無角的公羊，喻絕無之事。段注改作「牝羊角者也」。

觡 觡 gé　　骨角之名也。从角，各聲。〔古百切〕

【注釋】

骨質實心的角。

觜 觜 zī　　鴟舊頭上角觜也。一曰：觜觿也。从角，此聲。〔遵為切〕

【注釋】

本義是貓頭鷹頭上的毛角。觜又指鳥嘴，「觜吻」謂某些動物頭部向前突出的部分，包括嘴、鼻子等。「觜距」指鳥的喙和爪。後用以指人的口，字亦作「嘴」，《說文》無嘴字，觜實為嘴之初文。

段注：「角觜，舊下云毛角是也。毛角，頭上毛有似角者也。毛角銳，凡羽族之

咮銳，故鳥咮曰觜，俗語因之凡口皆曰觜，其實本鳥毛角之偁也。」

解 jiě / xiè 　　判也。从刀判牛角。一曰：解廌獸也。〔佳買切〕，又〔戶賣切〕

【注釋】

　　本義是分解動物的肢體，「庖丁解牛」用其本義也，後泛指剖開。從解之字多有分開義，如懈、蟹（食用時要分解）等。

觿 xī 　　佩角，銳耑可以解結。从角，巂聲。《詩》曰：童子佩觿。〔戶圭切〕

【注釋】

　　古代一種解結的錐子，用骨、玉等製成，也用作佩飾，乃古代游牧民族之遺風也。《詩經》：「芄蘭之支，童子佩觿。」芄蘭結子莢形如羊角，與觿相似，故以之起興。

　　衍生出「觿年」一詞，謂佩帶觿角的年齡，代指童年。宋郭忠恕有辨正文字的字書《佩觿》，以「佩觿」為書名者，表示此書可以解決疑難，如觿可以解結也。

觵 gōng（觥）　　兕牛角，可以飲者也。从角，黃聲。其狀觵觵，故謂之觵。〔古橫切〕觥 俗觵，从光。

【注釋】

　　今通行重文觥字，如「觥籌交錯」。《詩經》：「我姑酌彼兕觥。」毛傳：「角爵也。」觥是大酒器，黃、光，即廣也，有大義。本是兕牛角製，呈牛角形，故稱為「兕觥」。兕牛角大，故觥容量大，能容六七升，宜於宴會中供海量者暢飲。

　　後來觥形似匜，已非牛角形。橢圓形或方形器身，圈足或四足。帶蓋，蓋做成有角的獸頭或長鼻上卷的象頭狀。有的觥全器做成動物狀，頭、背為蓋，身為腹，四腿做足。觥主要是盛酒器，非飲酒器。流行於商晚期至西周早期，西周之後其物雖無，但其名可作為大飲酒器之泛稱。參《古代漢語文化百科辭典》。

觶 zhì 　　鄉飲酒角也。《禮》曰：「一人洗舉觶。」觶受四升。从角，單聲。〔臣鉉等曰：當从戰省，乃得聲。〕〔之義切〕觶 觶，或从辰。觝《禮經》觶。

【注釋】

觶是小型的飲酒器，故古人說「揚觶」，謂舉起酒器也。

觛 𦥑 dàn　　小觶也。从角，旦聲。〔徒旱切〕

【注釋】

觛一般指圓形小酒器。巵是古代一種盛酒器，圓形，容量四升。

觴 𦥑 shāng　　觶實曰觴，虛曰觶。从角，㪍省聲。〔式陽切〕𦥑 籀文觴，从爵省。

【注釋】

觴即觶也。進酒勸酒亦謂之觴，《左傳》：「觴曲沃人。」今有「舉杯行觴」，即舉杯敬酒。「濫觴」者，謂江河發源處水很小，僅可浮起酒杯，今用來比喻事物的起源、發端。

觴按許慎的本義是小杯子，即觶，「濫觴」謂浮起小杯子。實則觴不專主指某一器名，盛了酒的各種飲酒器皆可稱之。

觚 𦥑 gū　　鄉飲酒之爵也。一曰：觴受三升者謂之觚。从角，瓜聲。〔古乎切〕

【注釋】

喇叭形的飲酒器。《論語》：「子曰：觚不觚，觚哉！觚哉！」觚本來是上圓下方，有棱，容量約有二升，後來觚被改變了，上下都圓了，所以孔子認為觚不像觚了。比喻事物名實不符。

棱角、棱形也叫觚，「六觚」謂六棱也。又指寫字用的竹簡，本字當作「䉉」（多面棒狀木條）。「操觚」謂執筆寫作也，今有「率爾操觚之作」。

觛 𦥑 xuān　　角匕也。从角，亙聲。讀若讙。〔臣鉉等曰：亙音宣，俗作古鄧切，篆文有異。〕〔況袁切〕

觷 𦥑 xí　　杖耑角也。从角，敫聲。〔胡狄切〕

觼 觿 jué（鐍）　　環之有舌者。从角，夐聲。〔古穴切〕鐍觿，或从金、矞。

【注釋】

本義是帶舌的環。環上有舌，可以嵌進他物。似今之皮帶頭，用舌插入帶孔使之緊束。《詩經》：「龍盾之合，鋈以觼軜。」今常用重文鐍，指箱子上安鎖的環形鈕，借指鎖。《莊子》：「固扃鐍。」「鐍鑰」謂鎖和鑰匙。

觠 觠 nuò　　調弓也。从角，弱省聲。〔於角切〕

觴 觴 fēi　　隹射收繳具也。从角，發聲。〔方肺切〕

觓 觓 qiú　　隹射收繳具。从角，酋聲。讀若鰌。〔字秋切〕

【注釋】

古代射鳥時回收箭上繫繩的器具。

段注：「按兩字同義，蓋其物名觴觓。上字當云：觴觓，隹射收繫具也。下字當云：觴觓也。今本恐非舊，但無證據，未敢專輒。」

觴，猶發也。觓，猶收也。蓋此工具可發可收，功能如今放風箏收發繩子之「工」也。

觳 觳 hú　　盛觵卮也。一曰：射具。从角，㱿聲。讀若斛。〔胡古切〕

【注釋】

古代量器名，《周禮·考工記·陶人》：「鬲實五觳。」或說一觳為一斗二升。又通「角」，較量也。「觳力」，爭力，以力比勝負。「觳抵」即角抵，摔跤也。「觳觫」謂因害怕或寒冷而渾身發抖，今河南方言仍有此語，音轉為「核澀」。

觱 觱 bì　　羌人所吹角屠觱，以驚馬也。从角，𩰫聲。𩰫，古文誖字。〔卑吉切〕

【注釋】

屠觱，羌人所吹器名，以角為之，後乃以竹為管，蘆為首，謂之觱篥，亦曰篳

篥，或叫「蘆管」，唐李益《夜上受降城聞笛》：「不知何處吹蘆管，一夜征人盡望鄉。」狀似胡笳而九孔，其聲甚悲，或稱為「悲栗」「悲篥」「笳管」。

文三十九　重六

卷五上

六十三部　五百二十七文　重百二十二　凡七千二百七十三字
文十五新附

竹部

竹 艸 zhú　　冬生草也。象形，下垂者，箁箬也。凡竹之屬皆从竹。〔陟玉切〕

【注釋】

冬生草者，經冬不死的草。箁箬，竹筍上一片一片的皮，即筍殼也。段注：「云冬生者，謂竹胎生於冬，且枝葉不凋也。」

箭 箭 jiàn　　矢也。从竹，前聲。〔子賤切〕

【注釋】

本義是箭竹。

箘 箘 jùn　　箘簬也。从竹，囷聲。一曰：博棊也。〔渠隕切〕

【注釋】

箘簬者，一種細長節稀的竹子，可做箭杆。又指竹筍。
段注：「古者桼呼曰箘簬，《戰國策》：箘簬之勁不能過。單呼曰箘。」

簬 簬 lù　　箘簬也。从竹，路聲。《夏書》曰：惟箘簬楛。〔洛故切〕

轎 古文籬，从輅。

筱 𥳑 xiǎo（篠）　　箭屬，小竹也。从竹，攸聲。〔先杳切〕

【注釋】

今字作篠。細竹子，亦稱「箭竹」。又同「小」，多用於人名。

簜 𥳑 dàng　　大竹也。从竹，湯聲。《夏書》曰：「瑤、琨、筱、簜。」簜可為干，筱可為矢。〔徒朗切〕

【注釋】

從易之字多有大義，如陽（高明也）、揚（高舉）、蕩（水搖動）、湯（洪水湯湯）、簜（大竹筒也）、瑒（大圭）、暘（日出也）。

薇 𥳑 wéi　　竹也。从竹，微聲。〔無非切〕 𥳑 籀文，从微省。

【注釋】

即簹竹，箭竹的一種。簹、薇一聲之轉也。

筍 𥯤 sǔn（笋）　　竹胎也。从竹，旬聲。〔思允切〕

【注釋】

今作笋。《說文》無笋字。段注：「胎言其含苞，萌言其已抽也。」

薹 𥳑 tái　　竹萌也。从竹，怠聲。〔徒哀切〕

【注釋】

竹萌者，出地表也，乃春筍。竹胎者，冬筍也。

箁 𥳑 póu　　竹箁也。从竹，音聲。〔薄侯切〕

【注釋】

筍皮也。竹筍上一片一片的皮，即筍殼。清朱駿聲《說文通訓定聲》：「箁，竹箬也。蘇俗謂之筍殼。」

箬 ruò　　楚謂竹皮曰箬。从竹，若聲。〔而勺切〕

【注釋】

本義是竹筍上一片一片的皮，即筍殼。又指一種竹子，葉大而寬，可編竹笠，又可用來包粽子，如「箬竹」「箬笠」「箬帽」「箬席」。

節 jié（节）　　竹約也。从竹，即聲。〔子結切〕

【注釋】

本義是竹節，引申為節省、節制、節義。假借為符卪字，《說文》：「卪，瑞信也。」乃符節之本字也。段注：「約，纏束也。竹節如纏束之狀。《吳都賦》曰：苞筍抽節。又假借為符卪字。」

篨 tú　　折竹筡也。从竹，余聲。讀若絮。〔同都切〕

【注釋】

剖析竹篾，又指竹篾。段注改「折」為「析」，可從。

籎 mí　　篨也。从竹，𪎭聲。〔武移切〕

【注釋】

竹篾也。

筍 mǐn　　竹膚也。从竹，民聲。〔武盡切〕

【注釋】

本義是竹皮。筍俗字作筠。段注：「竹膚曰筍，亦曰筍，見《禮器》，俗作筠。」

笨 bèn　　竹裏也。从竹，本聲。〔布忖切〕

【注釋】

本義是竹子的裏層，俗稱「竹黃」。假借作蠢笨字。

蓊 wēng　　竹貌。从竹，翁聲。〔烏紅切〕

【注釋】

竹繁盛貌。莘指草木繁盛，同源詞也。

篓 蒡 shēn 　　差也。从竹，參聲。〔所今切〕

篆 蒡 zhuàn 　　引書也。从竹，彖聲。〔持兗切〕

【注釋】

篆的本義是運筆書寫，後稱寫下的字為篆。篆書得名於其書寫方式或形狀婉轉屈曲。篆者，轉也。段注：「其字之本義為引書，如雕刻圭璧曰瑑。」

常用義有印章，印章多用篆文，故稱。「接篆」謂官員接任。「攝篆」謂暫代官職。書寫篆字亦謂之篆，如「篆額」。篆有刻義，今有「篆刻」。又謂雕琢文辭，如「篆刻為文」。

籀 蕎 zhòu 　　讀書也。从竹，榴聲。《春秋傳》曰「卜籀」云。〔直又切〕

【注釋】

籀的本義是誦讀並弄清楚其意義，非僅今之誦讀耳。

從榴聲，聲兼義。籀者，榴也。榴，抽之異體字，引也，謂抽引其意義也。有「籀繹」一詞，謂閱讀並理出文章的脈絡。籀又泛指閱讀，「籀讀」即讀書，章炳麟《檢論·訂孔下》：「重籀《論語》諸書。」

篇 蕭 piān 　　書也。一曰：關西謂榜曰篇。从竹，扁聲。〔芳連切〕

【注釋】

本義是簡冊。古代文章寫在竹簡上，為保持前後完整，用繩子或皮條編集在一起稱為「篇」。所以首尾完整的文章或詩歌就叫一篇，篇下分章。《關雎》篇，四句成章，四章成篇。《詩經》中雅、頌十篇為一什，故稱詩篇為「篇什」。篇多指文章，編多指成本的書。

段注：「書，箸也。箸於簡牘者也，亦謂之篇。古曰篇，漢人亦曰卷。卷者，縑帛可卷也。」

籍 蕎 jí 　　簿書也。从竹，耤聲。〔秦昔切〕

【注釋】

本義是登記冊、戶口冊。引申出登記義，《史記》：「登府庫，籍吏民。」段注：「簿當作薄，六寸薄。引申凡箸於竹帛皆謂之籍。」

篁 篁 huáng　　竹田也。从竹，皇聲。〔戶光切〕

【注釋】

本義是竹林，泛指竹子。王維《竹里館》：「獨坐幽篁裏，彈琴復長嘯。深林人不知，明月來相照。」

段注：「《漢書》：篁竹之中。注：竹田曰篁。今人訓篁為竹，而失其本義矣。」

篣 篣 jiǎng　　剖竹未去節謂之篣。从竹，將聲。〔即兩切〕

【注釋】

竹製的船槳。今「船槳」之本字也。

段注：「謂未去中之相隔者。《方言》：所以隱棹謂之篣。郭云：搖檝小橛也。按篣蓋即篣字，其始以剖竹未去節為之，後乃以木為之，改其字作篣、作樂。後人又不以名橛而以名棹矣。」

葉 葉 yè　　籥也。从竹，葉聲。〔與接切〕

【注釋】

籥者，竹簡也，從葉之字多有薄義，見前「葉」「蝶」字注。

段注：「小兒所書寫，每一笘謂之一葉，今書一紙謂之一頁，或作葉，其實當作此葉。」

籥 籥 yuè　　書僮竹笘也。从竹，龠聲。〔以灼切〕

【注釋】

書童寫字用的編在一起的竹簡，又指管樂器，通「龠」。

段注：「笘下曰：潁川人名小兒所書寫為笘，按笘謂之籥，亦謂之觚。蓋以白墡染之，可拭去再書者，其拭觚之布曰幡。」

劉 劉 liú　　竹聲也。从竹，劉聲。〔力求切〕

簡 𥳎 jiǎn（簡）　　牒也。从竹，閒聲。〔古限切〕

【注釋】

後作簡字。又指書信，「來簡」謂來信也。引申有忽視怠慢義，今有「簡慢」；又選拔義，今有「簡拔」「簡選」；又有檢閱、檢查義。段注：「簡，竹為之。牘，木為之。牒劄，其通語也。」

古代的簡長度是有講究的，漢代有二尺四寸、一尺二寸、八寸、六寸等規格。二尺四寸的簡寫經，如《春秋》；一尺二寸的簡寫傳，即對經書的注解，如《孝經》《春秋三傳》；八寸之簡寫記，如《論語》和《禮記》。《禮記》在漢代還不是五經，地位較低。《禮記》是注解《儀禮》的，漢五經的「禮」指《儀禮》，唐五經的「禮」才指《禮記》。

漢代八寸相當於周代一尺，故八寸簡所寫之書叫「尺籍」。古代的書信一般也用漢代八寸的簡，所以書信叫「尺牘」。六寸之簡用來作符信，即通行證。《說文》：「符，信也。漢制以竹長六寸，分而相合。」

法律條文也用長簡，法律稱為「三尺法」，蓋沿用周代舊稱，即漢代用二尺四寸的長簡寫的法律條文。王國維有《簡牘檢署考》，可參。

笐 𥬠 gāng　　竹列也。从竹，亢聲。〔古郎切〕

【注釋】

竹子的行列，又指衣架。段注：「引申之，取竹為衣架亦曰笐，《廣韻》：笐，衣架。」

簿 𥮉 bù　　箁竷也。从竹，部聲。〔薄口切〕

【注釋】

秦漢時簡冊謂之箁竷。馬敘倫《六書疏證》：「箁竷者，版之緩言。」

等 𥫱 děng　　齊簡也。从竹，从寺。寺，官曹之等平也。〔多肯切〕

【注釋】

本義是把竹簡弄整齊。引申凡整齊、同樣義，今有「等量齊觀」。《史記·陳涉世家》：「等死，死國可乎？」謂同樣是死也。寺者，官府也，簡冊雜積之地。等有等級

義，引申出臺階的層級，級亦有此二義，同步引申也。

段注：「齊簡者，疊簡冊齊之，如今人整齊書籍也。引申為凡齊之稱。凡物齊之，則高下歷歷可見，故曰等級。」

范 𥴮 fàn　　法也。从竹，竹，簡書也。氾聲。古法有竹刑。〔防奭切〕

【注釋】

范的本義是模子、法則。范、笵、範的區別，詳見前「范」字注。

箋 箋 jiān　　表識書也。从竹，戔聲。〔則前切〕

【注釋】

本義是注釋。表識書者，謂表明識別之文字也。注釋稱箋，始自鄭玄注毛詩，鄭注詩宗毛為主，毛義若隱略，則更表明，如有不同，即下己意。孔穎達《毛詩正義》：「鄭于諸經皆謂之注，此言箋者，記識其事，故稱為箋。」小幅的紙謂之箋，如「便箋」「信箋」。代指書信，如「華箋」「來箋」。

符 𥏋 fú　　信也。漢制以竹，長六寸，分而結合。从竹，付聲。〔防無切〕

【注釋】

本義是古代朝廷傳達命令或調兵將用的憑證，雙方各執一半，以驗真假，如虎符。今有「符合」，保留本義。符六寸，見「檄」字注。

筮 𥷥 shì　　《易》卦用蓍也 [1]。从竹，从𮥍 [2]。𮥍，古文巫字。〔時制切〕

【注釋】

[1] 占用龜甲，商人習用。筮用百年之蓍草，周人習用。龜者，老精物也，俗謂千年的王八，萬年的鱉，物老皆有靈性，蓍草亦然，故用之。見「占」「卜」字注。

[2] 𮥍者，古文巫，今𥷥從古文，顯為大篆也。《說文》個別字頭為大篆，不可不察也。隸變作筮者，乃源自小篆也。今吞噬字從筮，小篆作𡔲，可為確證矣。

笄 𥫗 jī   簪也。从竹，幵聲。〔古兮切〕

【注釋】

周代叫笄，後代叫簪。古者男子二十舉冠禮，女子十五舉笄禮，故叫及笄之年。表示從此成年，可以婚配。女子成年必取字，故未婚配之女子則稱「待字閨中」。古笄禮之詳細情況，今已不可考。

笄、簪演變則為釵，所不同者，釵尖端歧二，像叉子。釵為婦人所用，故「裙釵」代指婦女，《紅樓夢》有金陵十二釵。富人用玉用金，貧者用骨用竹。

漢代梁鴻家貧，其妻孟光「荊釵布裙」，後以「拙荊」稱呼自己的妻子，「荊」即荊釵之省略也。簪子根部綴玉石下垂則稱步搖，因走動搖晃故也，《長恨歌》：「雲鬢花顏金步搖。」

箆 𥰭 jī   取蟣比也。从竹，臣聲。〔居之切〕

【注釋】

比、箆古今字。梳者，疏也，齒間寬舒也；箆者，比也，齒間細密也。櫛者，梳比之總名也。蟣者，虱之子也。《說文》原無「箆」字，徐鉉新附。今河南稱作「刮頭箆」者即此物。

段注：「比、箆古今字。比，密也，引申為櫛髮之比。《釋名》曰：梳言其齒疏也。數言比，比於梳其齒差數也，比言細相比也。」

籥 𥰩 yuè   收絲者也。从竹，蒦聲。〔王縛切〕𧤝籰，或从角、从閒。

筳 𥰫 tíng   繀絲筦也。从竹，廷聲。〔特丁切〕

【注釋】

纏絲的小竹管。

筦 𥮅 guǎn   筟也。从竹，完聲。〔古滿切〕

【注釋】

纏絲的小竹管。又同「管」字。

筟 𥮽 fū   筳也。从竹，孚聲。讀若《春秋》魯公子彄。〔芳無切〕

笮 筶 zé　　迫也，在瓦之下，棼上。从竹，乍聲。〔阻厄切〕

【注釋】

　　《說文》無窄字，此即窄之古字。屋笮者，瓦下棼子上的席狀物，此本義也，引申為逼窄字。常用義有壓也，逼迫也，狹窄也。

　　段注：「《說文》無窄字，笮、窄古今字也。屋笮者本義，引申為逼窄字。按笮在上椽之下，下椽之上，迫居其間，故曰笮。《釋名》曰：笮，迮也，編竹相連迫迮也。」

簾 蘮 lián（帘）　　堂簾也。从竹，廉聲。〔力鹽切〕

【注釋】

　　堂上掛的竹簾。簾，今簡化作帘。後指店鋪用作標誌的旗幟，如「酒簾」。

簀 簀 zé　　床棧也。从竹，責聲。〔阻厄切〕

【注釋】

　　本義是床上鋪的竹席。典故有「曾子易簀」。

第 茀 zǐ　　床簀也。从竹，弟聲。〔阻史切〕

【注釋】

　　床上竹編的席。亦為床的代稱，如「床笫」「床笫之歡」。《方言》：「床，陳楚之間或謂之笫。」

筵 籩 yán　　竹席也。从竹，延聲。《周禮》曰：「度堂以筵。」筵一丈。〔以然切〕

【注釋】

　　延者，大也。筵者，大席子之謂也。古人設席不止一層，緊靠地面的一層稱筵，筵上面的稱席。後二者無別，但床上鋪的只叫席不叫筵。古者席地而坐，各種活動皆在席上進行，故有「筵席」。今酒席謂之筵，如「喜筵」。為帝王講課而設的御前講席謂之「經筵」，講課者謂之「經筵講師」。

　　筵是墊在地上的竹席，長九尺。據《考工記》，周人的明堂，用九尺長的筵作為

度量單位，東西寬九筵，南北進深七筵，堂基高一筵。

簟 𥯤 diàn　　竹席也。从竹，覃聲。〔徒念切〕

【注釋】

竹席叫簟，也叫簟。《詩經・小雅・斯干》：「下莞上簟，乃安斯寢。」光華潔白的叫玉簟，李清照詞：「紅藕香殘玉簟秋。」

籧 𥴧 qū　　籧篨，粗竹席也。从竹，遽聲。〔強魚切〕

篨 𥮸 chú　　籧篨也。从竹，除聲。〔直魚切〕

【注釋】

籧篨是用竹或葦編的粗席。癩蛤蟆也叫籧篨，因其皮膚粗糙故也。《詩經》：「燕婉之求，籧篨不鮮。」謂本來想嫁個天鵝，卻嫁給了癩蛤蟆。今「癩蛤蟆想吃天鵝肉」即本此。

籭 𥴡 shāi（篩）　　竹器也，可以取粗去細。从竹，麗聲。〔所宜切〕

【注釋】

後作篩。《說文》無篩字。

段注：「俗云筵籮是也。能使麤者上存，細者盝下。籭、筵古今字也。《漢・賈山傳》作篩。」

簐 𥵣 fān　　大箕也。从竹，潘聲。一曰：蔽也。〔甫煩切〕

【注釋】

本義是有柄的畚箕一類器具。「一曰：蔽也」，通「藩」，籬笆也，如「簐門竹徑，清楚可愛」。

籅 𥵝 yù　　漉米籔也。从竹，奧聲。〔於六切〕

【注釋】

段注：「今江蘇人呼淘米具曰溲箕是也。」

籔 籔 sòu　　炊簍也。从竹，數聲。〔蘇后切〕

【注釋】

本義是淘米的竹器。又指古代計量單位，十六斗為一籔。《左傳》「無以縮酒」之本字。

段注：「本漉米具也，既浚乾則可炊矣，故名炊簍。」

箅 箅 bì　　蔽也，所以蔽甑底。从竹，畀聲。〔必至切〕

【注釋】

今叫箅子，古已有之。甑乃蒸鍋的上半部分，放米，下半部為鬲，放水。中間有箅子。段注：「甑者，蒸飯之器，底有七穿，必以竹席蔽之，米乃不漏。」

籍 籍 shāo（筲）　　飯筥也，受五升。从竹，稍聲。秦謂筥曰籍。〔山樞切〕

【注釋】

今作筲。《說文》無筲字。筲是一種盛飯用的竹筐，如「斗筲之人」，喻才短量淺。今水桶也叫筲，天津方言仍有此語，泔水筲者，髒水桶也。中原方言大桶謂之筲。

籍 籍 shāo　　陳留謂飯帚曰籍。从竹，捎聲。一曰：飯器，容五升。一曰：宋、魏謂箸筩為籍。〔所交切〕

【注釋】

「一曰：飯器，容五升」，古籍常用作為籍之異體，表示盛飯用的竹筐。段注：「此說謂籍，與籍同字也。」飯帚曰籍者，不多見。

筥 筥 jǔ　　籍也。从竹，呂聲。〔居許切〕

【注釋】

《說文》「簾」字云：「方曰筐，圓曰簾。」筥、簾，《說文》有別，後成了異體字。

笥 笥 sì　　飯及衣之器也。从竹，司聲。〔相吏切〕

【注釋】

方形謂之筥，圓形謂之簞。

簞 單 dān　　笥也。从竹，單聲。《漢律令》：簞，小筐也。《傳》曰：簞食壺漿。〔都寒切〕

【注釋】

簞食壺漿，形容犒勞軍隊。《論語》：「一簞食，一瓢飲，人不堪其憂，回也不改其樂。」簞食瓢飲，喻生活貧苦，亦指安貧樂道。

段注：「以竹為之，如箱篋之屬。蓋匡簞皆可盛飯，而匡筥無蓋，簞笥有蓋，如今之箱盒，其制不同。」

筵 䇭 xǐ　　筵箅，竹器也。从竹，徙聲。〔所綺切〕

【注釋】

今作為「篩」之異體。

箅 箅 bǐ　　筵箅也。从竹，卑聲。〔并弭切〕

【注釋】

段注：「絫呼曰筵箅，單呼曰箅。今江東呼小籠為箅。」

簙 簙 tuán　　圜竹器也。从竹，專聲。〔度官切〕

【注釋】

圓形的竹器，筐箕之類。從專之字多有圓形義，如團、摶（抓成團）、剸（削方成圓）、轉。专者，專之草書楷化字形。

箸 箸 zhù　　飯攲也。从竹，者聲。〔陟慮切〕，又〔遲倨切〕

【注釋】

飯攲者，今筷子也。先秦稱筷子為「挾」，也作「梜」。鄭玄云：「挾，猶箸也，今人謂箸為挾提。」秦漢時期叫箸。《韓非子·喻老》：「昔者紂為象箸，而箕子怖。」象牙筷子之使用可謂尚矣。

《禮記》:「飯黍毋以箸。」先秦人吃米飯不用筷子,用手抓送入口中,湯中有菜者,才用筷子挑出。「箸」與「住」字諧音,古者船家忌諱「住」音,故反其意而稱之為「筷」。此俗詞源耳。

簍 𥵔 lóu　　竹籠也。从竹,婁聲。〔洛侯切〕

【注釋】

從婁之字多有空疏義,如婁(今有婁空)、髏、廔(屋子透亮)、蔞(空心)。娄乃婁之草書楷化字形。簾之小者,南楚謂之簍。

筤 𥳔 láng　　籃也。从竹,良聲。〔盧黨切〕

【注釋】

本義是古代車蓋的竹骨架。從良之字多有長、大義,見「狼」字注。

籃 𥲲 lán　　大篝也。从竹,監聲。〔魯甘切〕𥴩古文籃如此。

【注釋】

段注:「今俗謂薰篝曰烘籃是也。」

篝 𥶶 gōu　　筶也,可薰衣。从竹,冓聲。宋、楚謂竹篝牆以居也。〔古侯切〕

【注釋】

篝,竹籠也,即大烘籠。「篝火」者,謂用竹籠罩的火。「篝燈呵凍」,置燈於籠中,並以口氣噓物取暖,喻勤奮也。從冓之字多有交錯交織義,見前「冓」字注。

筶 𥰭 luò　　杯筶也。从竹,各聲。〔盧各切〕

【注釋】

此「籠絡」之本字也。絡,籠也。《說文》:「絡,絮也。」非本字明矣。杯筶者,盛杯的籠子。段注:「引申為籠絡字,今人作絡,古當作筶,亦作落。」

箻 𥴫 gòng　　杯筶也。从竹,夆聲。或曰盛箸籠。〔古送切〕

【注釋】

古代盛杯子等器皿的竹籠，又指筷籠。段注：「箸筩曰籍，亦曰筆也。」

籢 䉓 lián（奩）　　鏡籢也。从竹，斂聲。〔力鹽切〕

【注釋】

裝鏡的竹匣子。今作奩，簡化作奁。女子梳妝用的鏡匣，泛指精巧的小匣子。「妝奩」謂嫁妝也。「奩資」謂女子出嫁時從娘家帶到婆家的財物。段注：「別作匳，俗作奩。《廣韻》云：盛香器也。」

簪 䉒 zuǎn　　竹器也。从竹，贊聲。讀若纂。一曰：叢也。〔作管切〕

【注釋】

筷籠。段注：「《廣雅》《方言》注皆曰：簪，箸筩。」

籝 䉛 yíng　　笭也。从竹，贏聲。〔以成切〕

【注釋】

竹籠也，又指筷籠子。段注：「《漢書》：遺子黃金滿籝，不如教子一經。竹籠也。《廣雅》曰：籝，箸筩也。」《三字經》：「人遺子，金滿籝。」

籂 䉔 sān　　竹器也。从竹，刪聲。〔蘇旰切〕

簋 䀇 guǐ　　黍稷方器也。从竹，从皿，从皀。〔居洧切〕 𢍄 古文簋，从匚、飢。𣜩 古文簋，或从軌。𣏥 亦古文簋。

【注釋】

簋是盛飯的器皿，簠亦同類。古者蒸飯的鍋叫甑，飯蒸好後盛放到簋裏。古人吃飯不用箸，直接用手從簋裏取食。《詩經》：「昔也每食四簋，今也每食無餘。」沒落貴族歎息今不如昔也。見下「簠」字注。

段注：「許云簋方簠圓，鄭則云簋圓簠方，不同者，師傳各異也。」

簠 䀈 fǔ　　黍稷圓器也。从竹，从皿，甫聲。〔方矩切〕 医 古文簠，从

匸，从夫。

【注釋】

　　後「簠簋」代指酒食，代指祭祀。「簠簋不飭」或「簠簋不修」指官吏貪污不廉，舊時彈劾官吏常用此語。

　　籩 𥳑 biān　　竹豆也。从竹，邊聲。〔布玄切〕 𥳑 籀文籩。

【注釋】

　　古代用竹編成的食器，形狀如高腳盤，祭祀燕享時用來盛果實、乾肉，其容量四升。《爾雅》：「木豆謂之梪，竹豆謂之籩，瓦豆謂之登。」

　　豆者，高腳盤也，非大豆也。瓦豆者，燒製之陶豆，謂之登，古者燈盞形似之，故謂之登，後加火作燈，簡化作灯。後「籩豆」代指祭祀。

　　笔 𥰠 dùn（囤）　　𥰌也。从竹，屯聲。〔徒損切〕

【注釋】

　　用竹篾等編製的盛糧器具，今作囤。從屯之字、之音多有圓形義，如墩、蹲。段注：「《廣韻》：笔，𥰠也。按今俗謂盛穀高大之器曰土𥰠。」

　　𥰌 𥰌 chuán　　以判竹，圜以盛穀也。从竹，耑聲。〔市緣切〕

【注釋】

　　盛糧食的圓囤。唐代前後又作為「簞」之異體。段注：「古曰笔。今江蘇編稻草為之，容數石，謂之笔。」

　　簏 𥴧 lù　　竹高篋也。从竹，鹿聲。〔盧谷切〕 𥶇 簏，或从录。

【注釋】

　　竹箱子也。段注：「匴之高者，竹為之。」

　　簜 𥲄 dàng　　大竹筩也。从竹，昜聲。〔徒朗切〕

【注釋】

　　從昜之字多有大義，見「蕩」字注。指笙簫一類的樂器，又同「簜」，大竹也。

段注：「《大射儀》：簜在建鼓之間。按當作簜，簜乃竹名，非其義也。笙簫之屬而謂之簜者，大之也。」

箽 𥱧 tóng　　斷竹也。从竹，甬聲。〔徒紅切〕

【注釋】

今竹筒之本字也。《說文》：「筒，通簫也。」段注：「所謂洞簫也。洞者，通也，簫之無底者也。」非本字明矣。

篿 𥳻 biān　　竹輿也。从竹，便聲。〔旁連切〕

【注釋】

竹製的便轎。

筊 𦰩 nù　　鳥籠也。从竹，奴聲。〔乃故切〕

【注釋】

本義是鳥籠。「鳳凰在筊」，鳳凰被關在籠中，比喻有才能者不能施展報負。屈原《九章·懷沙》：「鳳凰在筊兮，雞鶩翔舞。」

竿 𥫗 gān　　竹梃也。从竹，干聲。〔古寒切〕

【注釋】

本義是竹竿。

段注：「梃之言挺也，謂直也。引申之木直者亦曰竿，凡干旄、干旟、干旌，皆竿之假借。又《莊子》竿牘即簡牘也。」

籱 𥯔 zhuó　　罩魚者也。从竹，靃聲。〔竹角切〕𥯀 籱，或省。

【注釋】

淺水捕魚所用者也，今河南仍有此捕魚竹筐。籱者，罩也，以手持之於淺水中罩魚也。

段注：「《网部》曰：罩，捕魚器也。《小雅》傳曰：罩，籱也。」

箇 𥲔 gè（個、个）　　竹枚也。从竹，固聲。〔古賀切〕

【注釋】

竹竿一根謂之一箇，此箇之本義也。作量詞，後來寫作「個」，《說文》無個。今簡化漢字作个。據段注，个為箇之俗字也，乃竹字之一半也。介、個一語之轉，一介猶一個，「一介書生」即一個書生也。

段注：「箇或作个，半竹也，各本無，見於《六書故》所引唐本。並則為竹，單則為个。竹字象林立之形，一莖則一个也。然經傳个多與介通用，左氏或云：一个行李，或云：一介行李。是一介猶一个也。」

箯 jiǎo　　竹索也。从竹，交聲。〔胡茅切〕

【注釋】

竹繩子。交聲，聲兼義也。段注：「謂用析竹皮為繩索也，今之篾纜也。」

筰 zuó　　箯也。从竹，作聲。〔在各切〕

【注釋】

或寫作「笮」。「笮橋」，謂用竹索編成的橋。

段注：「《廣韻》曰：『笮、筰二同，竹索也，西南夷尋之以渡水。』按西南夷有筰縣，在越巂，其名本此。或从艸作莋，非也。」

箝 qián　　蔽絮簀也。从竹，沾聲。讀若錢。〔昨鹽切〕

【注釋】

承接紙漿的竹簾。

段注：「潎，各本作蔽，今正。潎絮簀即今做紙密緻竹簾也。潎絮，《莊子》所謂洴澼絖，即做紙之事。《糸部》曰：紙，絮一箝也。謂絮一箝成一紙也。紙之初起用敝布魚網為之，用水中擊絮之法成之。紙字、箝字載於《說文》，則紙之由來遠矣。」

箑 shà　　扇也。从竹，疌聲。〔山洽切〕　萐　箑，或从妾。

【注釋】

扇子。今有「扇箑」，同義連文。

段注：「扇，扉也。扉可開合，故箑亦名扇。」《方言》：「扇，自關而東謂之箑，自關而西謂之扇。」

籠 蘢 lóng 　　舉土器也。一曰：笭也。从竹，龍聲。〔盧紅切〕

籚 𥴩 rǎng 　　裹也。从竹，襄聲。〔如兩切〕

笁 𥬻 hù（互） 　　可以收繩也。从竹，象形，中象人手所推握也。〔胡誤切〕互 笁，或省。

【注釋】

今通行重文互字。

簝 𥳽 liáo 　　宗廟盛肉竹器也。从竹，尞聲。《周禮》：供盆簝以待事。〔洛蕭切〕

【注釋】

段注：「《牛人》：其盆簝以待事。注：盆所以盛血，簝受肉籠也。」

簾 𥰐 jǔ（筥） 　　飤牛筐也。从竹，虡聲。方曰筐，圜曰簾。〔居許切〕

【注釋】

今作筥。飤，後作飼。段注：「匩，飯器，筥也。簾，匩之圜者，飯牛用之，今字通作筥。」

篼 𥰡 dōu 　　飲馬器也。从竹，兜聲。〔當侯切〕

【注釋】

段注改作「食馬器也」。又指竹製的小轎，多用於行山路，通稱篼子。

籚 𥴭 lú 　　積竹，矛戟矜也。从竹，盧聲。《春秋國語》曰：朱儒扶籚。〔洛乎切〕

【注釋】

矛、戟的柄。

箝 𦊇 qián　　　籋也。从竹，拑聲。〔巨淹切〕

【注釋】

《說文》：「鉗，以鐵有所劫束也。」段注：「以竹脅持之曰箝，以鐵有所劫束曰鉗，書史多通用。」鉗、箝同源詞。

籋 𥯡 niè（鑷）　　　箝也。从竹，爾聲。〔臣鉉等曰：爾非聲，未詳。〕〔尼輒切〕

【注釋】

今作鑷，《說文》無鑷字。段注：「夾取之器曰籋，今人以銅鐵作之，謂之鑷子。」

簦 𥮥 dēng　　　笠蓋也。从竹，登聲。〔都滕切〕

【注釋】

古代有柄的斗笠，即今之雨傘也。段注：「笠而有柄如蓋也，即今之雨傘。簦亦謂之笠，渾言不別也。」

笠 𥬠 lì　　　簦無柄也。从竹，立聲。〔力入切〕

【注釋】

段注：「笠本以禦暑，亦可禦雨。」

箱 𥴧 xiāng　　　大車牝服也。从竹，相聲。〔息良切〕

【注釋】

本義是車廂。牝服者，車廂也。

段注：「箱即謂大車之輿也，以左右有兩較，故名之曰箱。假借為匚𥴧之稱，又假借為東西室之稱，禮經箱字俗改為廂字。」《說文》原無廂字，後徐鉉新附，云：「廂，廊也。」

據段注，車廂之所以叫 xiāng，因為車廂兩邊有兩較（即車廂兩旁板上的橫木），對車廂起輔助作用，亦可以助人抓牢。見「較」字注。箱者，相也，相助也。

　　古代居室前堂兩旁的房屋謂之廂房，因有兩個，是對正房的補充，故也叫箱，也稱「個」或「序」，後作「廂」。今「箱」字常用義箱子，漢以前無此稱。

　　篚 𥴐 fěi　　車笭也。从竹，匪聲。〔敷尾切〕

【注釋】

　　竹編的車欄。今篚常用義為圓形的竹筐，這一意義本字作匚，《說文》：「匚，器，似竹筐。从匚，非聲。」後假借為「非」，如「匪夷所思」，故又加竹作篚。

　　笭 𥫱 líng　　車笭也。从竹，令聲。一曰：笭，籯也。〔郎丁切〕

【注釋】

　　通「軨」，車軾下面縱橫交結的竹木條，泛指古代車子前後兩旁的車欄。朱駿聲《通訓定聲》：「車前後兩旁御風塵者，即《詩》之第，《周禮》之蔽，《說文》之笭也。」第、蔽、笭皆一語之轉。

　　箈 𥳙 tán　　搔馬也。从竹，剡聲。〔丑廉切〕

【注釋】

　　《廣韻》：「刮馬篦也。」

　　策 𥱵 cè　　馬箠也。从竹，朿聲。〔楚革切〕

【注釋】

　　本義是竹製的馬鞭子，頭上帶尖刺，刺馬以驅之。今有「鞭策」，保留本義。經傳多假策為冊。

　　段注：「箠曰策，以策擊馬曰敊，經傳多假策為冊。又計謀曰籌策者，策猶籌，籌猶筭，筭所以計曆數，謀而得之，猶用筭而得之也。故曰筭、曰籌、曰策，一也。」

　　箠 𥮙 chuí　　擊馬也。从竹，垂聲。〔之壘切〕

【注釋】

　　本義是馬鞭子。段注：「假借為杖人之稱。」

　　簻 𥰮 zhuā　　箠也。从竹，朵聲。〔陟瓜切〕

【注釋】

馬鞭子，後作「檛」「撾」。

段注：「策、檛古今字，亦作箠。《左傳》：繞朝贈之以策。杜預曰：馬檛也。檛，本从木，後人又改从手。」

箠 芮 zhuì　　羊車騶箠也。箸箴其耑，長半分。从竹，內聲。〔陟衛切〕

【注釋】

古代一種頂端帶有針刺的馬鞭。

籣 蘭 lán　　所以盛弩矢，人所負也。从竹，蘭聲。〔洛干切〕

【注釋】

古代盛弩箭的器具。

「負籣」亦作「負韊」。《史記·魏公子列傳》：「趙王及平原君自迎公子於界，平原君負韊矢，為公子先行。」裴駰集解引呂忱曰：「韊，盛弩矢。」後以「負韊」指背負革制的箭筒。

箙 箙 fú　　弩矢箙也。从竹，服聲。《周禮》：仲秋獻矢箙。〔房六切〕

【注釋】

本義是裝箭的袋子。云「弩矢箙」者，連類而及弩也。《詩經》：「象弭魚服。」服即箙，魚服謂魚皮作的箭袋子。

段注：「箙，盛矢器也，以獸皮為之。按本以竹木為之，故字从竹。」

筭 茉 zhū　　棒雙也。从竹，朱聲。〔陟輸切〕

笘 笘 shān　　折竹箠也。从竹，占聲。潁川人名小兒所書寫為笘。〔失廉切〕

【注釋】

本義是折竹做的鞭子。又為古代兒童習字用的竹片，「籯」下曰：「書僮竹笘也。」用此義。俞樾的文字學著作取名《兒笘錄》，蓋源於此也。《廣雅》：「笘，觚也。」觚，古代用來書寫的木簡，是多面棒狀木條。也作觚，「操觚」謂拿木簡寫文章，今

執筆寫作也。

笪 笪 dá　　答也。从竹，旦聲。〔當割切〕

笞 笞 chī　　擊也。从竹，台聲。〔丑之切〕

【注釋】

今有「鞭笞」。古有笞刑。

段注：「疑奪所以二字，笞所以擊人者，因之謂擊人為笞也。後世笞、杖、徒、流、大辟五刑，制於隨唐，至於今日，笞有名無實。」

籤 籤 qiān（簽）　　驗也。一曰：銳也，貫也。从竹，韱聲。〔七廉切〕

【注釋】

驗者，標識也，《通俗文》：「記識曰籤。」即今之簽字署名也。「一曰：銳也」者，即今削竹令尖曰籤。籤既表簽字義，也表竹簽義。

簽是後起字，《說文》無簽字。後籤、簽有分工，簽名不能用籤字，只能用簽。牙籤、書籤通常用籤，道教類書有《雲笈七籤》。今籤、簽簡化均作签。

籧 籧 tún　　榜也。从竹，殿聲。〔臣鉉等曰：當从臀省聲。〕〔徒魂切〕

【注釋】

揉製弓弩使其成形的工具。

箴 箴 zhēn　　綴衣箴也。从竹，咸聲。〔職深切〕

【注釋】

本義是縫衣服的工具。《說文》：「鍼，所以縫也。」二字是同源詞，其實皆今針之古字。後二字分工，規勸告誡義作箴，如「箴言」「規箴」等。鍼則作縫衣用的金屬工具，後又產生俗字針，《說文》無針。後簡化作针。

段注：「綴衣，聯綴之也，謂箴之使不散，若用以縫則从金之針也。」

箾 箾 shuò / xiāo　　以竿擊人也。从竹，削聲。虞舜樂曰箾韶。〔所角切，又音簫〕

【注釋】

東北方言，如「瞅啥呢，找削啊！我削死你」。削即打，本字當是箾。

竽 𥯮 yú　　管三十六簧也。从竹，于聲。〔羽俱切〕

【注釋】

古簧管樂器，形似笙而較大，管數亦較多。成語有「濫竽充數」「濫竽自恥」。
段注：「大鄭曰：竽三十六簧。按據《廣雅》：竽三十六管，然則管皆有簧也。」

笙 𥰡 shēng　　十三簧，象鳳之身也。笙，正月之音，物生，故謂之笙。
大者謂之巢，小者謂之和。从竹，生聲。古者隨作笙。〔所庚切〕

【注釋】

常「笙簫」連用，又代指管樂器，如「悄悄是別離的笙簫」「既然琴瑟起，何以
笙簫默」。
段注：「大鄭《周禮》注曰：笙十三簧。按《廣雅》云：笙十三管。亦每管有簧
也。笙猶生也，東為陽中，萬物以生，是以東方鐘磬謂之笙也。初生之物必細，故《方
言》云：笙，細也。竽，大笙也。故竽可訓大。」

簧 𥰺 huáng　　笙中簧也。从竹，黃聲。古者女媧作簧。〔戶光切〕

【注釋】

即今之簧片，樂器裏用銅等製成的發聲薄片。「雙簧」，曲藝的一種，由兩人表
演，一人藏在後面，或說或唱。一人坐在前面表演各種動作，互相配合協調。喻一
方出面，一方背後操縱的活動。器物裏有彈力的機件也叫簧，如「鎖簧」「彈簧」。
段注：「《小雅》：吹笙鼓簧。傳曰：簧，笙簧也，吹笙則簧鼓矣。按經有單言簧
者，謂笙也。《王風》：左執簧。傳曰：黃，笙也。」

篪 𥰋 chí　　簧屬。从竹，是聲。〔是支切〕

【注釋】

同匙，鑰匙也。段注：「今之鎖，簧以張之，篪以斂之，則啟矣。其用與笙中簧
同也。」

簫 蕭 xiāo　　參差管樂，象鳳之翼。从竹，肅聲。〔穌彫切〕

【注釋】

很多管子連在一起吹的叫排簫，一根管子豎著吹的叫洞簫，簡稱簫。古代的簫以竹管編排而成，稱為排簫，排簫以蠟蜜封底，無封底者稱洞簫。後稱單管直吹、正面五孔、背面一孔者為洞簫，發音清幽淒婉。《漢書・元帝紀贊》：「元帝多材藝，善史書，鼓琴瑟，吹洞簫。」顏師古曰：「簫之無底者。」

段注：「簫，肅也。其聲肅肅而清也。」

筒 筒 dòng　　通簫也。从竹，同聲。〔徒弄切〕

【注釋】

今洞簫之本字也。筒，今作竹筒字。段注：「所謂洞簫也。《漢・章帝紀》：吹洞簫。如淳曰：洞者，通也。簫之無底者也。」

籟 籟 lài　　三孔龠也。大者謂之笙，其中謂之籟，小者謂之箹。从竹，賴聲。〔洛帶切〕

【注釋】

古代的一種簫，三孔。龠六孔。王勃《滕王閣序》：「爽籟發而清風生。」又指從孔穴中發出的聲音，亦泛指一般的聲響，如「萬籟俱寂」。

箹 箹 yuè　　小籟也。从竹，約聲。〔於角切〕

【注釋】

從約之字、之音多有小、收斂、局促義，如約（纏束也）、篗（收絲者也）。

管 管 guǎn　　如篪，六孔。十二月之音，物開地牙，故謂之管。从竹，官聲。〔古滿切〕琯 古者玉琯以玉。舜之時，西王母來獻其白琯。前零陵文學姓奚，于伶道舜祠下得笙玉琯。夫以玉作音，故神人以和，鳳皇來儀也。从玉，官聲。

【注釋】

本義是一種類似於笛的管樂器，起初用玉製成，後改用竹，有六孔，長一尺。後

泛指管樂器。《詩》：「簫管備舉。」《風俗通》：「管，漆竹，長一尺，六孔。」簏有七孔。代指鑰匙，《左傳》：「鄭人使我掌其北門之管。」

　　筊 筊 miǎo　　小管謂之筊。从竹，眇聲。〔亡沼切〕

【注釋】

　　從眇之字、之音多有小義，如藐（小、幼稚）、渺（微小）、秒（禾芒）、眇（一隻眼小）、瞄（注釋在一點上）、緲（微也）等。

　　段注：「《釋樂》：大管謂之簥，其中謂之篞，小者謂之筊。」

　　笛 笛 dí　　七孔筒也。从竹，由聲。羌笛三孔。〔徐鍇曰：當從冑省，乃得聲。〕〔徒歷切〕

【注釋】

　　段注：「《文選》李注引《說文》：『笛七孔，長一尺四寸，今人長笛是也。』此蓋以注家語益之。《風俗通》亦云：長尺四寸，七孔。」

　　筑 筑 zhú　　以竹曲五弦之樂也。从竹，从巩。巩，持之也。竹亦聲。〔張六切〕

【注釋】

　　本義是樂器，形似箏，細頸，五弦，用竹尺擊打成聲，高漸離所擊者也。箏無須擊打。

　　筑、築古為二字，《說文》：「築，搗也。从木，筑聲。」此版築、建築字，本義是用夾板夾住泥土，搗土築牆。今二字歸併為一。見下「築」字注。

　　段注：「《樂書》曰：項細肩圓，鼓法以左手扼項，右手以竹尺擊之。史云：善擊筑者，高漸離。」

　　箏 箏 zhēng　　鼓弦竹身樂也。从竹，爭聲。〔側莖切〕

【注釋】

　　紙鳶叫風箏，又叫風鳶。於鳶首以竹為笛，使風入作聲如箏，俗呼風箏。

　　箛 箛 gū　　吹鞭也。从竹，孤聲。〔古乎切〕

【注釋】

　　一種樂器，即笳，類似笛子。箛又指竹名。

　　篍 𥬰 qiū　　吹箛也。从竹，秋聲。〔七肖切〕

【注釋】

　　吹筒，古代用於警戒或督役的哨子。段注：「吹鞭蓋葭為之，吹箛蓋竹為之。《風俗通》曰：《漢書》注：篍，箛也。言其聲音篍篍，名自定也。」

　　箛最初是卷蘆葉為振動發聲器，吹以作樂。後在形制上有所變化，將蘆葉製成的哨插入管中，遂成為管制的雙簧樂器，所以葭亦通笳。

　　籌 𥫱 chóu　　壺矢也。从竹，壽聲。〔直由切〕

【注釋】

　　本義是投壺用的竹籤。今「觥籌交錯」保留本義。歐陽修《醉翁亭記》：「射者中，弈者勝，觥籌交錯。」引申為記數用的竹棍，今有「籌碼」「略勝一籌」等。引申為謀劃、策略，如「一籌莫展」「籌備」「籌款」。

　　簺 𥰾 sài　　行棋相塞謂之簺。从竹，从塞，塞亦聲。〔先代切〕

【注釋】

　　今「博塞」之本字也，即六博、格五等博戲。常用義是用竹木編成的捕魚工具。

　　簙 𥫱 bó　　局戲也，六箸十二棋也。从竹，博聲。古者烏胄作簙。〔補各切〕

【注釋】

　　今博弈、賭博之本字也。《說文》：「博，大通也。」非本字明矣。

　　篳 𥳒 bì　　藩落也。从竹，畢聲。《春秋傳》曰：篳門圭窬。〔卑吉切〕

【注釋】

　　藩落者，籬笆也。篳之本義即籬笆。今「篳路藍縷」保留本義。篳路者，柴車也，多以荊竹編織，簡陋無飾。路，車也。「篳門」者，用荊竹編成的門，又稱柴門，指貧戶居室。段注：「藩落猶俗云籬落也，篳之言蔽也。」

篗 𥴩 ài　　蔽不見也。从竹，愛聲。〔烏代切〕

【注釋】

此《詩經・靜女》「愛而不見，搔首踟躕」之本字也。《大雅》：「愛莫助之。」毛傳：「愛，隱也。」今「愛莫能助」，《爾雅》：「薆，隱也。」本字皆當作篗，竹善蔽，故從竹。

段注：「《爾雅》：薆，隱也。《方言》：掩、翳，薆也。其字皆當从竹，竹善蔽。《大雅》：愛莫助之。毛曰：愛，隱也。假借字也。《邶風》：愛而不見。郭注《方言》作薆而。」

簷 𥳲 yán　　隿射所蔽者也。从竹，嚴聲。〔語枕切〕

籞 𥴬 yǔ　　禁苑也。从竹，御聲。《春秋傳》曰：澤之自籞。〔魚舉切〕𣀸 籞，或从又，魚聲。

【注釋】

此御花園字之後起本字也。皇帝的園林謂之御花園，後專加竹作籞。

筭 𥮙 suàn（算）　　長六寸，計曆數者。从竹，从弄。言常弄乃不誤也。〔蘇貫切〕

【注釋】

筭的本義為算籌，名詞；算的本義是計算，動詞。古書多不別，後算、筭成了異體字。「曆數」同義連文。曆，數也。

段注：「筭法用竹徑一分，長六寸，二百七十一枚而成六觚，為一握，此謂筭籌。與算數字各用，計之所謂算也，古書多不別。」

算 𥮲 suàn　　數也。从竹，从具。讀若筭。〔蘇管切〕

【注釋】

本義是計算。「無算」謂無法計算，形容很多。引申為計劃、謀劃，今有「神機妙算」「算無遺策」。引申為壽命、壽數也，今有「陽算已盡」。「算祿」謂壽數和祿位也。

段注：「筭為算之器，算為筭之用，二字音同而義別。」

笑 𥬥 xiào　　此字本闕。〔臣鉉等案：孫愐《唐韻》引《說文》云：「喜也。从竹，从犬。」而不述其義，今俗皆从犬。又案：李陽冰刊定《說文》，从竹，从夭，義云：竹得風，其體夭屈如人之笑。未知其審。〕〔私妙切〕

【注釋】

從竹，從犬。小徐本「犬」作「夭」。

文百四十四　重十五

簃 𥱳 yí　　閣邊小屋也。从竹，移聲。《說文》通用扅。〔弋支切〕

【注釋】

本義是樓閣旁邊的小屋子。近人徐世昌編有《晚晴簃詩彙》，清詩彙編也。

筠 𥲤 yún　　竹皮也。从竹，均聲。〔王春切〕

【注釋】

本義是竹皮，代指竹子，「筠竹」即斑竹也。又代指管類樂器，如「大禹吹筠」。今多為人名用字。清代嘉慶時有松筠將軍，《說文》四大家之一有王筠。

笏 𥬮 hù　　公及士所搢也。从竹，勿聲。〔案：籀文作𥱲，象形，義云：佩也。古笏佩之。此字後人所加。〕〔呼骨切〕

【注釋】

笏，今所謂手板也。縉紳者，搢笏於紳也，詳見「𣂏」字注。《紅樓夢》「好了歌」注云：「陋室空堂，當年笏滿床。」笏滿床之典故，謂郭子儀也。郭子儀乃武狀元出身，平定安史之亂有功，被封為汾陽王，加尚書令，其七子八婿也都居朝為官。郭子儀六十大壽，七子八婿皆來祝壽，由於他們都是朝廷高官，手中持有笏板，拜壽時把笏板放滿床頭。

後來「笏滿床」用來形容家門福祿昌盛、富貴壽考。武將功高而不矜，得以善終者，歷來鮮矣，然郭子儀能是。舊時民間懸郭子儀畫像於中堂，稱作「天官圖」，以祈全福全壽。山東有十笏園，古人書齋名「十笏草堂」，皆與此相關。

篦 𥱳 bì　　導也，今俗謂之篦。从竹，箆聲。〔邊兮切〕

【注釋】

見前「箆」字注。

篙 𥱶 gāo　　所以進船也。从竹，高聲。〔古牢切〕

文五　新附

箕部

箕 𥴧 jī（其）　　簸也。从竹、𠦴，象形，下其丌也。凡箕之屬皆从箕。〔居之切〕𠦴 古文箕，省。𠔼 亦古文箕。𠕺 亦古文箕。𥸅 籀文箕。𥴩 籀文箕。

【注釋】

甲骨文作𠦴，象簸箕之形。其之本義即簸箕，後假借為代詞其，故又加竹作箕。

簸 𥸬 bǒ　　揚米去糠也。从箕，皮聲。〔布火切〕

文二　重五

丌部

丌 𠀠 jī　　下基也，薦物之丌。象形。凡丌之屬皆从丌。讀若箕同。〔居之切〕

【注釋】

今音 qí，作姓氏字，孔子老婆為丌官氏，後簡化為丌氏，又作亓。《百家姓》：「亓官司寇，仉督子車。」

段注：「字亦作亓，古多用為今『渠之切』之其。《墨子書》其字多作亓，亓與丌同也。」

辺 𨗈 jì　　古之遒人，以木鐸記詩言。从辵，从丌，丌亦聲。讀與記同。〔徐鍇曰：遒人行而求之，故从辵。丌，薦而進之於上也。〕〔居吏切〕

典 𠔻 diǎn　　五帝之書也。从冊在丌上，尊閣之也。莊都說：典，大冊也。〔多殄切〕𠔓古文典，从竹。

【注釋】

甲骨文作𠔻，象兩手持冊之形。典的本義即典籍。引申為前代的制度、故事等，今有「數典忘祖」。「典故」，同義連文，典，事也；故，事也。典故不同於成語者，典故必包含一小故事。

常用義法則也，《爾雅》：「典，常也。」今有「法典」，同義連文。引申為儀式，今有「開國大典」。主管也，「典客」為九卿之一，負責接待外賓，西漢呂太后情婦審食其曾任典客之職。武帝改為「大鴻臚」，王莽改為「典樂」。又有抵押義，今有「典當」。

巽 𢁉 xùn　　巽也。从丌，从頭。此《易》「巽卦為長女，為風」者。〔臣鉉等曰：頭之義亦選具也。〕〔蘇困切〕

【注釋】

從頭，頭亦聲。見「巽」字注。此《周易》巽卦之本字也。《說文》：「巽，具也。」此撰字之初文也。撰有具備義，今有「撰具」，謂編成也。

段注：「今《周易》巽卦作巽，許於巽下云：具也。不云卦名，謂𢁉為《易》卦名之字。」

畁 𢌿 bì　　相付與之，約在閣上也。从丌，由聲。〔必至切〕

【注釋】

常用義是給與，《爾雅》：「畁，賜也。」《詩經》：「取彼譖人，投畁豺虎。」算、鼻從畁聲。

巽 𢁀 xùn　　具也。从丌，吅聲。〔臣鉉等曰：庶物皆具，丌以薦之。〕〔蘇困切〕𢁏古文巽。𢁁篆文巽。

【注釋】

今通行字體「巽」實源自篆文，則字頭為大篆明矣。巽乃撰之初文，撰有準備、具備義。常用義是順，《周易》有巽卦，亦順義。今有「順巽」「恭巽」。在文王八卦

中，巽卦位於東南方，代表風，《西遊記》孫悟空在太上老君的煉丹爐裏躲到了巽位，有風則無火，故未被燒死。

奠 $\overset{\overline{\text{酋}}}{\overline{\text{兀}}}$ diàn　　置祭也。从酋，酋，酒也。下其丌也。《禮》有奠祭者。〔堂練切〕

【注釋】

置祭者，置酒食祭祀也。故奠有二常用義：一祭祀也，如「祭奠」「奠酒」；二放置也、定也，如「奠基」「奠定基礎」。又引申進獻義，《禮記》：「主人坐，奠爵於階前。」

文七　重三

左部

左 $\overset{\text{屮}}{\text{コ}}$ zuǒ　　手相左助也。从屮、工。凡左之屬皆从左。〔則個切〕〔臣鉉等曰：今俗別作佐。〕

【注釋】

本義是左手，引申左邊義、佐助義，後加人旁分其佐助一義。

漢以前尊右，《史記·廉頗藺相如列傳》：「（藺相如）位在廉頗之右。」左右對文時，右指親近、贊助，左指不親近、不贊助。《戰國策》：「右韓而左魏。」左由此引申出邪僻不正義，如「旁門左道」，又不合、違背義，今有「意見相左」。

東漢及以後尊左，《三國志》：「以周瑜、程普為左右督。」特別在職位上，左尊於右，一直到清代皆如是。唯元代特殊，尊右，元代科舉分二榜，右榜為蒙古、色目人，左榜為漢人、南人。古代文高於武，故朝堂上左邊（即東邊）站立文官，右邊站武將。北京內城南三門，左有崇文門，右有宣武門；故宮左有文華殿，右有武英殿。

古代遠來的客人一般安排在餐桌的左側，即主人居中，主人左手側是最尊位。今之主陪右側乃主賓之位，乃受西方影響，非華夏之朔俗也。兵車尊左是因為古代兵車上三人，一般中為御者，右為車右，左為弓箭手，地位尊貴者也站在左側，故有「虛左以待」。

差 $\overset{\text{左}}{\text{秊}}$ chā / chāi　　貳也，差不相值也。从左，从秝。〔徐鍇曰：左於事，

是不當值也。〕〔初牙切〕，又〔楚佳切〕 差 籀文差，从二。

【注釋】

本義是差錯。「差池」表示不整齊的樣子，《詩經》：「燕燕于飛，差池其羽。」今有「差強人意」者，謂比較使人滿意，差表程度深。強，足也。

段注改作「貳也，左不相值也」，云：「貳各本作貳，左各本作差，今正。」

今按：「貳」自身也能引申出差錯義，段注聊備一說耳。今「貳」「忒」義項多有重合，可能是字形相亂導致的義項相互沾染。

文二 重一

工部

工 工 gōng　　巧飾也。象人有規榘也。與巫同意。凡工之屬皆从工。〔徐鍇曰：為巧必遵規矩法度，然後為工，否則目巧也。巫事無形，失在於詭，亦當遵規榘，故曰：與巫同意。〕〔古紅切〕 弖 古文工，从彡。

【注釋】

甲骨文作 丄，象工具形。「工」「巨」（矩）古同字。本義是工匠的曲尺。楊樹達《積微居小學述林》：「工蓋器物之形，巨下曰：規巨也，從工，手持之，以字形考之，工象曲尺之形，蓋工即曲尺也。」

工的常用義有二：一擅長，如「工於心計」；二精細，如「工筆畫」「異曲同工」「詩窮而後工」。又有官吏義，《廣雅》：「工，官也。」「百工」即百官也。「與巫同意」者，見「美」「彗」字注。

段注：「引申之凡善其事曰工。凡言某與某同意者，皆謂字形之意有相似者。」

式 弍 shì　　法也。从工，弋聲。〔賞職切〕

【注釋】

本義是規則、標準。今有「程式」，同義連文。又用作句首語氣詞，《詩經》：「式微式微，胡不歸？」今「式微」表示衰退微弱。段注：「引申之義為用也。」

巧 丂 qiǎo　　技也。从工，丂聲。〔苦絞切〕

【注釋】

本義是技術、技巧。引申出巧妙義，今有「花言巧語」。古文以丂為巧。

巨 **巨** jù（榘、矩）　　規巨也。从工，象手持之。〔其呂切〕**榘** 巨，或从木、矢。矢者，其中正也。**⊥** 古文巨。

【注釋】

本義是規矩之矩。規者，畫圓之具；矩者，畫方之具也。後用作巨大字，故矩、巨分工為二。今通行重文榘，省木則作矩，異體字也。見上「工」字注。

高鴻縉《中國字例》：「工象榘形，為最初文。自借為職工、百工之工，乃加畫人形以持之，後所加之人形變為夫，變為矢，流而為矩，省而為巨。後巨又借為鉅細字，矩復加木旁作榘，而工與巨後因形歧而變其音，人莫知之朔也。」

文四　重三

䢅部

䢅 **䢅** zhǎn　　極巧視之也。从四工。凡䢅之屬皆从䢅。〔知衍切〕

【注釋】

《詩經》「展敬爾墓」之本字也。展者，視也。《說文》：「展，轉也。」非本字明矣。《爾雅》：「展，視也。」

段注：「凡展布字當用此，展行而䢅廢矣。《玉篇》曰：䢅，今作展。」

窒 **窒** sè　　窒也。从䢅，从廾，窒宀中。䢅猶齊也。〔穌則切〕

【注釋】

今「堵塞」之初文也。《說文》：「塞，隔也。」後起字也。

段注：「凡填塞字皆當作窒，自塞行而窒、寨皆廢矣。䢅猶齊也，凡漢人訓詁，本異義而通之曰猶。」

文二

巫部

巫 **巫** wū　　祝也。女能事無形，以舞降神者也。象人兩袖舞形，與工同

意。古者巫咸初作巫。凡巫之屬皆从巫。〔武扶切〕𢍂 古文巫。

【注釋】

古者巫史不分，皆為懂文字之上層知識分子，乃溝通人神者，非如今之裝神弄鬼者所堪比。商代的巫地位頗高。周時分男巫、女巫，各有所職，同屬司巫。春秋以後，醫道漸從巫術中分出，地位降低，《論語》：「人而無恒，不可作巫醫。」謂人若無恒心，連巫醫之類的職業都做不了，別說幹大事了。後來巫則淪為方技之流，多為人所不恥。《三字經》所謂「醫卜相，皆方技，星堪輿，小道泥」也。

覡 𧠦 xí 　　能齋肅事神明也。在男曰覡，在女曰巫。从巫，从見。〔徐鍇曰：能見神也。〕〔胡狄切〕

【注釋】

分而言之，男曰覡，女曰巫。「齋肅」，同義連文，敬也。段注：「此析言之耳，統言則《周禮》男亦曰巫，女非不可曰覡也。」

文二　重一

甘部

甘 𠙴 gān 　　美也。从口含一。一，道也。凡甘之屬皆从甘。〔古三切〕

【注釋】

本義是味美。於六書為指事字。「甘」除了味美以外，還有甜義，現在甜的意思，先秦多用「甘」表示。「旨」僅指一般的味美。段注：「甘為五味之一，而五味之可口皆曰甘。」

甜 䑸 tián（甜）　　美也。从甘，从舌。舌，知甘者。〔徒兼切〕

【注釋】

今字形作甜。見上「甘」字注。段注：「《周禮》注：恬酒，恬即甜字。」

𪎭 𪏮 gān 　　和也。从甘，从麻。麻，調也。甘亦聲。讀若函。〔古三切〕

猒 猒 yān 　　飽也。从甘，从肰。〔於鹽切〕𠭖 猒，或从目。

【注釋】

此「貪得無厭」之初文。猒後作厭（厌），厭行而猒廢矣。厭者，飽也，引申為滿足，「山不厭高」「水不厭深」「兵不厭詐」皆此義也。飽足則人意倦矣，故又引申為厭倦、厭憎。厭常作厭惡字，故又加食作饜表吃飽義，故「猒—厭—饜」皆古今字。

厭非直接在猒上加厂，而是假借他字，《說文》：「厭，笮也。」「笮，迫也。」厭乃壓（压）迫之本字也，厭借作猒足字，另加土作壓。段注：「各書皆假厭為猒足、猒憎字，猒足、猒憎失其正字，而厭之本義罕見知之矣。」

簡化字「厌」乃「厭」之省旁俗字，「压」乃「壓」之另造俗字，非草書楷化字形，與時（时）、觸（触）不同。

段注：「淺人多改猒為厭，厭專行而猒廢矣。按飽足則人意倦矣，故引申為猒倦、猒憎。」

甚 昆 shèn　　尤安樂也。从甘，从匹，耦也。〔常枕切〕区古文甚。

【注釋】

本義是異常安樂，謂沉溺於男女之情。此「媅樂」之初文也。由本義引申出嚴重、厲害義。今「姓甚名誰」者，什、甚、啥皆一語之轉也。

徐灝《說文解字注箋》：「甚、媅，古今字。《女部》：媅，樂也。通作耽、湛。《衛風·氓》：無與士耽。《小雅·常棣》：和樂且湛。皆甚字之本義。从甘、匹，會意，昵其匹耦也，甘亦聲。」

文五　重二

曰部

曰 凵 yuē　　詞也。从口，乙聲，亦象口氣出也。凡曰之屬皆从曰。〔王伐切〕

【注釋】

先秦說話用「曰」不用「說」，「說」是解說義。

段注：「亦謂之曰，亦謂之云，云、曰雙聲也。《釋詁》：粵、于、爰，曰也。此謂《詩》《書》古文多有以曰為爰者，故粵、于、爰、曰四字可互相訓，以雙聲疊韻相假借也。」

曹 (曹) cè　　告也。从曰，从冊，冊亦聲。〔楚革切〕

曷 (曷) hé　　何也。从曰，匃聲。〔胡葛切〕

【注釋】

段注：「何也，雙聲也。《詩》有言曷者，如『曷不肅雝』，箋云：曷，何也。有言害者，如『害澣害不』，傳云：害，何也。害者，曷之假借字。《詩》《書》多以害為曷。《釋言》曰：曷，盍也。此亦假借，凡言何不者，急言之但云曷也。」

曶 (曶) hū　　出气詞也。从曰，象气出形。《春秋傳》曰：鄭太子曶。〔呼骨切〕(曶) 籀文曶，一曰：佩也。象形。

【注釋】

今「忽然」之本字也。忽本義是忘，非本字明矣。段注：「倏忽之皃本當用此字，不當作忽忘字也。今則忽行而曶廢矣。」

朁 (朁) cǎn　　曾也。从曰，兓聲。《詩》曰：朁不畏明。〔臣鉉等曰：今俗有朁字，蓋朁之訛。〕〔七感切〕

【注釋】

此義今《詩經》多用憯字，《爾雅》：「憯，曾也。」《說文》：「憯，痛也。」非本字明矣。曾者，竟然也，《愚公移山》：「曾不若孀妻弱子。」朁、曾一語之轉也。

沓 (沓) tà　　語多沓沓也。从水，从曰。遼東有沓縣。〔臣鉉等曰：語多沓沓，若水之流，故从水，會意。〕〔徒合切〕

【注釋】

本義是話多。引申為眾多義，今有「雜沓」。又有重疊義，今有「紛至沓來」，《天問》：「天何所沓？」謂天地在哪會合重疊？段注：「泄泄猶沓沓也，引申為凡重沓字。」

曹 (曹) cáo　　獄之兩曹也。在廷東，从㯥，治事者。从曰。〔徐鍇曰：以言詞治獄也，故从曰。〕〔昨牢切〕

【注釋】

本義是打官司的原被告。段注：「兩曹，今俗所謂原告被告也。《古文尚書》：兩造具備。《史記》造，一作遭。遭、造即曹，古字多假借也。」

引申為古代分科辦事的官署，如「分曹辦事」「同曹為官」等。引申出對、雙義，《小爾雅》：「曹，偶也。」宋玉《招魂》：「分曹並進。」又引申為群輩義，杜甫詩：「爾曹身與名俱滅，不廢江河萬古流。」

文七　重一

乃部

乃 ㇕ nǎi　　曳詞之難也。象气之出難。凡乃之屬皆从乃。〔奴亥切〕〔臣鉉等曰：今隸書作乃。〕㇅古文乃。㇆籒文乃。

【注釋】

段注：「乃、然、而、汝、若，一語之轉，故乃又訓汝也。」

乃虛詞常用義甚多，才、這才義，表示經過了一定的過程達到某一結果，故許釋為「曳詞之難也」，如「學，乃得有聞」。有竟然義，《桃花源記》：「乃不知有漢，無論魏晉。」有僅僅義，《史記·項羽本紀》：「（項羽）乃有二十八騎。」表示是，如「我乃某某是也」。「乃爾」者，如此也，今有「何其相似乃爾」。

卤 卤 réng（迺）　　驚聲也。从乃省，西聲。籒文卤不省。或曰：卤，往也。讀若仍。〔臣鉉等曰：西非聲，未詳。〕〔如乘切〕卤古文卤。

【注釋】

隸定作卤，隸變作迺，古書常通作乃字。作家蕭紅，原名張迺瑩，也寫作張乃瑩。讀若仍，此許書以讀若破假借也。

段注：「《詩》《書》《史》《漢》發語多用此字作迺，而流俗多改為乃。按《釋詁》曰：仍、迺、侯，乃也。以乃釋迺，則本非一字可知矣。」

卤 卤 yóu　　气行貌。从乃，卤聲。讀若攸。〔以周切〕

【注釋】

此虛詞「攸」之本字也。攸，則也，就也。《詩經》：「風雨攸除。」「讀若攸」者，

許書以讀若破假借也。

段注：「隸作逎。《禹貢》：陽鳥攸居、豐水攸同、九州攸同。《漢·地理志》攸皆作逎。逎之言於也，陽鳥於是南來得所也，與爰、粵義同。」

文三　重三

丂部

丂 〒 kǎo　　气欲舒出，丂上礙於一也。丂，古文以為於字，又以為巧字。凡丂之屬皆从丂。〔苦浩切〕

【注釋】

邵瑛《群經正字》：「此稽考之本字，氣欲舒出，丂上礙於一，即稽留考察之義，本自作丂，經典作考。」《說文》：「攷，敂也。」敂者，擊也。此乃稽考、考試之本字也。丂實乃攷之初文也。《說文》：「考，老也。」本義是老，非考試本字明矣。黃侃有「無聲字多音說」之理論，見前「丨」字注。

段注：「於與丂音不同而字形相似，字義相近，故古文或以丂為於。又以為巧字，此則同音假借。」

段注區分了形借（或訓讀）和假借現象。

粤 卑 pīng　　亟詞也。从丂，从由。或曰：粤，俠也。三輔謂輕財者為粤。〔臣鉉等曰：由，用也。任俠用氣也。〕〔普丁切〕

【注釋】

段注：「此謂粤與傅音義同，《人部》曰：傅，俠也。俠，傅也。三輔謂輕財者為粤，所謂俠也。今人謂輕生曰粤命，即此粤字。」

據段注，粤為今拼命之本字也。《說文》無拼，有抨字，云：「抨手也。」今隸變作抃，音 biàn，拍手也。抨經典常作拼命字，然非本字明矣。段注可從。今「抃（拼）命」多釋為捨命、不要命，蓋輕之則易捨，義相因也。

寧 寍 níng（宁）　　願詞也。从丂，寍聲。〔奴丁切〕

【注釋】

見前「寍」字注。本義是表寧願的虛詞，又有表不願的語氣，今譯為豈、難道，如「王侯將相寧有種乎」？

段注：「《宀部》曰：宁，安也。今字多假寧為宁，寧行而宁廢矣。」

乙 ꠓ hē　　反丂也。讀若呵。〔虎何切〕

文四

可部

可 ꠓ kě　　肯也。从口、乙，乙亦聲。凡可之屬皆从可。〔肯我切〕

【注釋】

本義是肯定、認可。引申為適宜，今有「可口」「可人」「可心」。引申為值得、夠得上，如「可惡」「可憐」。又表示正、正中義，如「一方明月可中庭」。又表示大約義，《小石潭記》：「潭中魚可百許頭。」「小可」謂尋常也，如「非同小可」，又舊時謙稱自己為「小可」。

段注：「肯者，骨間肉肯肯箸也。凡中其肯綮曰肯，可、肯雙聲。」肯、可乃一聲之轉也。見「肯」字注。

奇 ꠓ qí　　異也。一曰：不耦。从大，从可。〔渠羈切〕

【注釋】

「一曰：不耦」，即單數，零頭也。古代命運不好謂之數奇，數，命也。《漢書》：「貨布首長八分有奇。」謂零頭也。

哿 ꠓ gě　　可也。从可，加聲。《詩》曰：哿矣富人。〔古我切〕

【注釋】

《詩·小雅·正月》：「哿矣富人，哀此惸獨。」毛傳：「哿，可也。」王引之《經義述聞》：「哿與哀對文，哀者憂悲，哿者歡樂也。《毛傳》訓哿為可，可亦快意愜心之稱。」

哥 ꠓ gē　　聲也。从二可。古文以為謌字。〔古俄切〕

【注釋】

此唱歌之初文，後借作哥哥字，故加欠、言作歌、謌。古文以為歌字，《漢書》

多用哥為歌。

　　唐時稱父為哥，《舊唐書》:「玄宗曰:四哥仁孝。」四哥指睿宗，排行四。《少年英雄方世玉》方世玉稱其父方德為德哥，稱其母苗翠花為花姐，古稱母為姐，《廣雅》:「姐，母也。」

　　文四

　　叵 ⏁ pǒ　　不可也。从反可。〔普火切〕

【注釋】

　　叵為「不可」二字之合音字，今有「居心叵測」。「叵羅」謂酒杯也，《從百草園到三味書屋》中魯迅的小學老師朗誦道:「金叵羅，顛倒淋漓噫，千杯未醉呵。」

　　文一　新附

兮部

　　兮 ㄎ xī　　語所稽也。从丂、八，象气越于也。凡兮之屬皆从兮。〔胡雞切〕

【注釋】

　　段注:「兮、稽疊韻，《稽部》曰:留止也。語於此少駐也，此與『哉，言之間也』相似。有假猗為兮者，如《詩》:河水清且漣猗。」

　　嵏 ⏁ sǔn　　驚辭也。从兮，旬聲。〔思允切〕⏁嵏，或从心。

【注釋】

　　《論語》「恂恂如也」之本字也。

　　羲 ⏁ xī　　气也。从兮，義聲。〔許羈切〕

【注釋】

　　本義不常見。「羲和」，謂古代唐堯時執掌天文的官吏。《尚書》:「乃命羲和，欽若昊天，曆象日月星辰。」又指給太陽駕車的神，李白《日出行》:「羲和羲和，汝奚汩沒於荒淫之波。」給月亮駕車的神叫望舒。又指太陽的母親，如「十日乃羲和所生」。「羲皇」謂伏羲氏也，三皇之一，故稱。

乎 〒 hū 語之餘也。从兮，象聲上越揚之形也。〔戶吳切〕

【注釋】

甲骨文作 ⸜⸜，楊樹達《積微居小學述林》：「呼召必高聲用力，故字象聲上揚物，猶曰字，表人發言，字形象氣上去也。乎本呼之本字，借為語末助詞，後加言旁。」

文四 重一

号部

号 号 háo 痛聲也。从口在丂上。凡号之屬皆从号。〔胡到切〕

【注釋】

今號叫、嗁號之本字也。段注：「号，嗁也。凡嗁號字古作号，《口部》曰：嗁，号也。今字則號行而号廢矣。」

號 號 háo（号） 呼也。从号，从虎。〔乎刀切〕

【注釋】

此呼號之本字也，今簡化作号。号很早就作為號之俗字，古籍常不分。今簡化漢字号、號歸併為一。號，稱也，今有「稱號」。《史記》：「沛公兵十萬，號二十萬。」謂宣稱二十萬也。

段注：「號呼者，如今云高叫也。引申為名號，為號令。」

文二

亏部

亏 亐 yú（于） 於也。象气之舒亏。从丂，从一。一者，其气平之也。凡亏之屬皆从亏。〔羽俱切〕今隸變作于。

【注釋】

隸定作亏，隸變作于，今作虧之簡化字。

段注：「凡《詩》《書》用于字，凡《論語》用於字。蓋于、於二字在周時為古今字。」

虧 kuī（亏）　　气損也。从于，雐聲。〔去為切〕𧇠 虧，或从兮。

【注釋】

今簡化作亏，省旁俗字也。本義是欠缺、減少，《小爾雅》：「虧，損也。」引申為毀壞，《爾雅》：「虧，毀也。」《詩經》：「不虧不崩。」今有「虧敗風俗」。段注：「引申凡損皆曰虧」

粵 yuè　　于也，審慎之詞者。从于，从寀。《周書》曰：粵三日丁亥。〔王伐切〕

【注釋】

發語詞也。詩書多假越為粵。又古代民族名，即「百粵」，又作「百越」。

段注：「粵與于雙聲，而又从于，則亦象氣舒于也。《詩》《書》多假越為粵。箋云：越，于也。又假曰為粵。」

吁 xū　　驚語也。从口，从于，于亦聲。〔臣鉉等案：《口部》有吁，此重出。〕〔況于切〕

【注釋】

吁即歎也，今有「長吁短歎」。

平 píng　　語平舒也。从于，从八。八，分也。爰禮說。〔符兵切〕𠀀 古文平如此。

【注釋】

本義是語氣平和。平有媾和、講和義，平即和也，今有「和平」。《左傳》：「宋及楚平。」「輸平」猶毀約也。

文五　重二

旨部

旨 zhǐ　　美也。从甘，匕聲。凡旨之屬皆从旨。〔職雉切〕𠮾 古文旨。

【注釋】

甲骨文作𣉑，从匕，从口，象用勺子送食物入口，表示味道好。旨的本義是食物

味美。《禮記・學記》:「雖有嘉肴，弗食，不知其旨也。」見前「甘」字注。

嘗 嘗 cháng（尝）　　口味之也。从旨，尚聲。〔市羊切〕

【注釋】

本義是品嘗食物。簡化字尝乃嘗之草書楷化字形。引申出嘗試義，《小爾雅》:「嘗，試也。」「嘗敵」謂試探敵人也。又秋祭為嘗，古有祠、禴、嘗、烝，分別為四季之祭祀。

今作為曾經義者，乃「曾」之假借。《說文》:「曾，曾也。」曾、曾、嘗皆一語之轉也。段注:「引申凡經過者為嘗，未經過為未嘗。」

文二　重一

喜部

喜 喜 xǐ　　樂也。从壴，从口。凡喜之屬皆从喜。〔虛里切〕𣢪古文喜，从欠，與歡同。

【注釋】

本義是高興，引申為喜歡，喜歡則易於幹某事、容易發生某種變化，故中古時期引申此義。《齊民要術》:「不爾，不肯入窠，喜東西浪生。」好、善、健皆有喜歡、易於二義，如「善變」謂易於變化，「健忘」謂易於忘記。同步引申也。

段注:「《樂記》曰:樂者，樂也。古音樂與喜樂無二字，亦無二音。」

憙 憙 xǐ　　說也。从心，从喜，喜亦聲。〔許記切〕

【注釋】

徐灝《說文解字注箋》:「喜、憙古今字。」用法同「喜」，有喜歡、高興義，有容易發生某種變化義，《齊民要術》:「有葉者，憙爛。」見上「喜」字注。

嚭 嚭 pǐ　　大也。从喜，否聲。《春秋傳》吳有太宰嚭。〔匹鄙切〕

【注釋】

丕、否音義通，丕有大義，曹丕字子桓。從否聲者，聲兼義也。從丕之字多有大義，如秠（一稃二米）、伾（有力也）、魾（大鱯也）。段注:「按訓大則當从丕，

《集韻》一作䜁。」

文三　重一

壴部

壴　<ruby>壴<rt></rt></ruby> zhù　　陳樂，立而上見也。从中，从豆。凡壴之屬皆从壴。〔中句切〕

【注釋】

甲骨文作<ruby>㞢<rt></rt></ruby>，郭沫若《卜辭通纂》：「象鼓形，甲文鼓字初文也。」此樹之初文也，後加「寸」作尌，又加「木」作樹。

尌　<ruby>尌<rt></rt></ruby> shù　　立也。从壴，从寸持之也。讀若駐。〔常句切〕

【注釋】

今樹、澍從此得聲。此亦「樹」之初文。見上「壴」字注。

段注：「與《人部》侸音義同，今字通用樹為之，樹行而尌廢矣。《周禮》注多用尌字。」

鼛　<ruby>鼛<rt></rt></ruby> qì　　夜戒守鼓也。从壴，蚤聲。《禮》：昏，鼓四通為大鼓，夜半三通為戒晨，旦明五通為發明。讀若戚。〔倉歷切〕

彭　<ruby>彭<rt></rt></ruby> péng　　鼓聲也。从壴，彡聲。〔臣鉉等曰：當从形省，乃得聲。〕〔薄庚切〕

【注釋】

本義是敲鼓的聲音。甲骨文作<ruby>㞢<rt></rt></ruby>，壴乃鼓之初文，三點者，鼓聲也。如今畫人呼喊狀，常在口周點綴小點。

嘉　<ruby>嘉<rt></rt></ruby> jiā　　美也。从壴，加聲。〔古牙切〕

【注釋】

本義為美善，引申為獎勵，今有「嘉獎」。

文五

鼓部

鼓 𪔠 gǔ　　郭也。春分之音，萬物郭皮甲而出，故謂之鼓。从壴、支，象其手擊之也。《周禮》六鼓：雷鼓八面，靈鼓六面，路鼓四面，鼖鼓、皋鼓、晉鼓皆兩面。凡鼓之屬皆从鼓。〔徐鍇曰：郭者，覆冒之意。〕〔工戶切〕𪔖 籀文鼓，从古聲。

【注釋】

郭者，聲訓也。用來說明鼓之得名之源。鼓得名於用皮包裹。古代夜間擊鼓報時，一夜報五次，五鼓即五更。又有振動義，今有「鼓動」，同義連文，如「搖脣鼓舌」。

鼓一般是木架子上蒙獸皮，也有用銅鑄成的，銅鼓商代已經產生，秦漢時大量使用。用銅鑄成，鼓腔中空無底，兩側有銅環耳。

段注：「城𩫝字俗作郭，凡外障內曰郭，自內盛滿出外亦曰郭。郭、廓正俗字，鼓、郭疊韻。」

鼛 𪔳 gāo　　大鼓也。从鼓，咎聲。《詩》曰：鼛鼓不勝。〔古勞切〕

【注釋】

從咎之字、之音多有義，如櫜（車上大櫜）、齐（放也）、皋（氣皋白之進也）、臭（大白，澤也）等。段注：「鼛，大鼓也，長一丈二尺。」

鼖 𪕏 fén　　大鼓謂之鼖。鼖八尺而兩面，以鼓軍事。从鼓，賁省聲。〔符分切〕𩋎 鼖，或从革，賁不省。

【注釋】

軍中用的大鼓。從賁之字、之音多有大義，如墳（大堤）、奮（大飛也）、𡭟（楚謂大巾曰𡭟）、𥀪（以囊盛穀，大滿而裂也）、𧎮（淮陽名車穹隆𧎮）、衯（長衣貌）。

段注：「凡賁聲字多訓大。如《毛傳》云：墳，大防也。頒，大首皃。汾，大也。」

鼙 𪕊 pí　　騎鼓也。从鼓，卑聲。〔部迷切〕

【注釋】

軍用小鼓。《長恨歌》：「漁陽鼙鼓動起來。」「鼓鼙」謂擊鼙鼓，代指戰爭，如「聞鼙鼓而思良將」。

從卑之字多有小義，如婢（女之卑者也）、顰（皺眉）、陴（城頭上的小牆）、猈（短脛狗）、俾（短人立貌）等。

龓 <svg>龓</svg> lóng　　鼓聲也。从鼓，隆聲。〔徒冬切〕

【注釋】

今聲音轟隆隆之本字也。

鼘 <svg>鼘</svg> yuān　　鼓聲也。从鼓，肙聲。《詩》曰：鞉鼓鼘鼘。〔烏玄切〕

【注釋】

今《詩經》「鞉鼓淵淵」之本字也。段注：「《詩·小雅》《商頌》作淵淵，《魯頌》作咽咽，皆假借字也。」

鼞 <svg>鼞</svg> tāng　　鼓聲也。从鼓，堂聲。《詩》曰：擊鼓其鼞。〔土郎切〕

【注釋】

今《詩經》「擊鼓其鏜，踴躍用兵」之本字也，《說文》：「鏜，鐘鼓之聲。从金，堂聲。《詩》曰：擊鼓其鏜。」鼞、鏜音義同。也寫作「堂堂」，堂堂者，猶今之咚咚也。

《孟子》：「王好戰，請以戰喻。填然鼓之，兵刃既接，棄甲曳兵而走。」「填然」猶堂然，擊鼓大聲也。堂、填一語之轉。

從堂之字、之音多有大義。堂者，皇也。皇者，大也。古房屋前堂後室，堂前無牆，堂又名堂皇，因其明亮故也。今「相貌堂堂」者，謂高大貌也。唐（大言也）、塘（大池也）、湯（大水貌）、闛（闛闛，盛貌）等。

鼛 <svg>鼛</svg> tà（鞈）　　鼓聲也。从鼓，合聲。〔徒合切〕 <svg>鞈</svg> 古文鼛，从革。

【注釋】

司馬相如《上林賦》：「金鼓迭起，鏗鎗闛鞈。」「闛鞈」亦作「闛鞳」「闛闔」，鐘鼓聲也，本字皆當作「鼞鼛」。蘇軾《石鐘山記》：「窾坎鏜鞳者，魏莊子之歌鐘

也。」「𡔷」即古文也。

　　鼟 𫎵 tiè　　鼓無聲也。从鼓，昬聲。〔他叶切〕

　　鼛 𪔛 tà　　鼓鼟聲。从鼓，缶聲。〔土盍切〕

　　文十　重三

豈部

　　豈 𠽌 qǐ（岂）　　還師振旅樂也。一曰：欲也，登也。从豆，微省聲。凡豈之屬皆从豈。〔墟喜切〕

【注釋】

　　今「凱歌」之本字。《說文》無凱字，後起之俗字也。今簡化作岂，岂乃豈之草書楷化字形。「一曰：欲也，登也」者，欲，喜也。登，進也，前往也。此即快樂義，後亦作「凱」，《詩經》：「豈樂飲酒。」作副詞時可表是非問，是否也，《三國志》：「將軍豈願見之乎？」也可表反問。

　　段注：「豈本重難之詞，故引申以為疑詞，如《召南》傳曰：豈不言有。後人文字言豈者，其意若今俚語之難道。」

　　愷 𢖴 kǎi　　康也。从心、豈，豈亦聲。〔苦亥切〕

【注釋】

　　今《詩經》「凱風自南，吹彼棘心」之本字也。凱者，樂也。《爾雅》：「凱，樂也。」

　　段注：「《詩》又作凱，俗字也。《邶風》傳曰：凱風謂之南風，樂夏之長養。凱亦訓樂，即愷字也。」

　　幾 𤔔 qí　　𤱉也，訖事之樂也。从豈，幾聲。〔臣鉉等曰：《說文》無𤱉字。从幾，从氣，義無所取，當是訖字之誤爾。〕〔渠稀切〕

【注釋】

　　段注改作「汔也」。汔，盡也。據段注此幾字乃「庶幾」之本字也。

段注:「《絲部》曰:幾,微也,殆也。然則見幾、研幾,字當作幾。庶幾、幾近,字當作譏。幾行而譏廢矣。」

文三

豆部

豆 豆 dòu　　古食肉器也。从口,象形。凡豆之屬皆从豆。〔徒候切〕𧰨
古文豆。

【注釋】

本義為古代的高腳盤,非大豆也。豆是祭祀用,皿是家用。《爾雅》:「木豆謂之豆,竹豆謂之籩,瓦豆謂之登。」見「籩」字注。大豆古代叫菽,豆、菽一語之轉。上古豆、菽意義完全不同,漢代以後豆代替菽,成為豆類之總稱。後大豆字加艸作荳,然古籍多不用。

豆又為容量單位,《左傳》:「齊舊四量,豆區釜鍾。」四升為豆,四豆為區,四區為釜,十釜為鍾,即六百四十升,鍾乃大容量。

梪 梪 dòu　　木豆謂之梪。从木、豆。〔徒候切〕

【注釋】

此豆之後起字也。

段注:「《釋器》曰:木豆謂之梪,竹豆謂之籩,瓦豆謂之登。豆本瓦器,故木為之則異其字。」

巹 巹 jǐn(卺)　　蠡也。从豆,蒸省聲。〔居隱切〕

【注釋】

今合卺之本字也。《說文》無卺字,乃後起俗字也。蠡者,瓢也。卺為古代結婚時用作酒器的一種瓢,古者結婚,把一個葫蘆剖成兩個瓢,新郎新娘各拿一個飲酒,謂之合卺。後作為結婚的代稱,今演變為喝交杯酒。

段注:「蠡之言離,《方言》曰:劙,解也。一瓠離為二,故曰蠡。合卺,破匏也,《昏義》亦作卺。《正義》云:以一瓠分為兩瓢。卺者,巹之假借字。」

登 𧯆 juàn　　豆屬。从豆,关聲。〔居倦切〕

【注釋】

指乾的黃豆芽，長五寸，藥用。

段注：「按豆即尗，一語之轉。周人之文皆言尗，少言豆者。」

豆 𡕢 wān　　豆飴也。从豆，宛聲。〔一丸切〕

豆 𧯮 dēng（登）　　禮器也。从廾，持肉在豆上。讀若鐙同。〔都滕切〕

【注釋】

隸定作𧯮，今隸變作登，「瓦豆謂之登」實即此字。本義是古代的一種高腳盤，常用來盛飯或肉，引申出豐收義，今「五穀豐登」是也。

該字與上車登字，古非一字，後隸變同形，見前「登」字注。「讀若鐙同」，破假借也，登字常見，無需用鐙注音。油燈字初作登，因油燈似高腳盤，後加金作鐙，變火作燈，簡化作灯。

文六　重一

豊部

豊 豐 lǐ　　行禮之器也。从豆，象形。凡豊之屬皆从豊。讀與禮同。〔盧啟切〕

【注釋】

此通訓也。「讀與禮同」，破假借也。豊當為禮之初文。

豑 豑 zhì　　爵之次弟也。从豊，从弟。《虞書》曰：平豑東作。〔直質切〕

【注釋】

從弟，弟亦聲。此秩序之本字也。《說文》：「秩，積也。」非本字明矣。或謂積之必有次敘成文理，豑、秩同源詞也。今《虞書》作「平秩東作」。

文二

豐部

豐 豐 fēng（丰）　　豆之豐滿者也。从豆，象形。一曰：鄉飲酒有豐侯

者。凡豐之屬皆从豐。〔敷戎切〕 𡬛 古文豐。

【注釋】

豐、豐的古文字均象二玉在器之形。《觀堂集林》謂古者行禮以玉。今簡化字作丰。丰、豐古代乃二字，義不相同，丰只用來形容容貌美好，《詩經》：「子之丰兮。」豐可以用來形容各種事物。《說文》已有丰字，云：「艸盛丰丰也，从生上下達也。」

段注：「謂豆之大者也，引申之凡大皆曰豐。《方言》曰：豐，大也。」

豔 𧯌 yàn（艷）　好而長也。从豐，豐，大也。盍聲。《春秋傳》曰：美而豔。〔以贍切〕

【注釋】

豔，俗字作艷，今簡化作艳。古者女子以長大為美，故《詩經》有碩人也。豔有喜愛、羨慕義，今有「豔羨」，同義連文也。古代稱楚國的歌曲為豔，如「荊豔楚舞」。

文二　重一

虍部

虘 𧇆 xī　古陶器也。从豆，虍聲。凡虘之屬皆从虘。〔許羈切〕

【注釋】

戲字從此聲。

虢 𧇄 hào　土鎘也。从虘，号聲。讀若鎬。〔胡到切〕

【注釋】

段注：「《廣雅》：鍑、鬵、甔，鬴也。即虢字。鬵金為之，虢則土為之。鄭注《周禮》所謂黃堥也，堥即鬵字。《鬲部》曰：秦名土釜曰鬵。」

虣 𧇅 zhù　器也。从虘、宁，宁亦聲。闕。〔直呂切〕

文三

虍部

虍 ﬔ hū　　虎文也。象形。凡虍之屬皆从虍。〔徐鍇曰：象其文章屈曲也。〕〔荒烏切〕

虞 ﬔ yú　　騶虞也。白虎黑文，尾長於身，仁獸，食自死之肉。从虍，吳聲。《詩》曰：于嗟乎騶虞。〔五俱切〕

【注釋】

本義即騶虞，白老虎也。吳，白也，聲兼義。夏羊牡曰羖，夏，黑也。

常用義有三：一料想，今有「不虞之譽」；二擔憂，今有「後果堪虞」；三欺騙，今有「爾虞我詐」。「虞人」謂管理山林之官，後指獵人。《周易》：「即鹿無虞，惟入於林中。」山林之官謂之虞者，虞，度也，度知山林之大小及所生也。

段注：「按此字假借多而本義隱矣，凡云樂也、安也者，娛之假借也。凡云規度也者，以為度之假借也。」

處 ﬔ fú　　虎貌。从虍，必聲。〔房六切〕

【注釋】

古伏羲字作處。宓子騫，又作閔、處。

虔 ﬔ qián　　虎行貌。从虍，文聲。讀若矜。〔臣鉉等曰：文非聲，未詳。〕〔渠焉切〕

【注釋】

本義是虎行走的樣子，引申為勇武、牢固，《詩經·商頌·長發》：「有虔秉鉞。」又有殺義，強則殺也，《方言》：「虔，殺也。」《左傳》：「虔劉我邊陲。」常用恭敬義，今有「虔誠」。當為矜之假借，矜有謹慎、慎重義，謹慎則敬。「讀若矜」，破假借也。

盧 ﬔ cuó　　虎不柔不信也。从虍，且聲。讀若鄌縣。〔昨何切〕

【注釋】

齟（齟）齬字從此聲。本義是虎剛暴而刁詐，「盧詐」猶狡詐。

虖 hū　　哮虖也。从虍，乎聲。〔荒烏切〕

【注釋】

今罅字從此聲。此嘑之初文也。

虐 nüè　　殘也。从虍，虎足反爪人也。〔魚約切〕 古文虐如此。

【注釋】

本義是殘暴。引申災害、禍害義，《左傳》：「亂虐並生。」

虨 bīn　　虎文彪也。从虍，彬聲。〔布還切〕

【注釋】

從彬，聲兼義也。彬彬者，有文采貌。彪，虎紋也，又指小老虎。

虡 jù（虡）　　鐘鼓之柎也。飾為猛獸，从虍，異象形，其下足。〔其呂切〕 虡，或从金，豦聲。 篆文虡省。

【注釋】

今通行重文虡。「鐘虡」，古代懸掛鐘磬的架子兩旁的柱子。「虡業」謂懸掛鐘磬的架子。業者，樂器架子橫木上覆蓋的大版，刻如鋸齒狀。虡又作簴，俗字也。段注：「植者曰虡，橫者曰栒。」見「業」字注。

文九　重三

虎部

虎 hǔ　　山獸之君。从虍，虎足象人足，象形。凡虎之屬皆从虎。〔呼古切〕 古文虎。 亦古文虎。

【注釋】

段注：「呼古切，五部，五部與十七部通。故《左氏》陽虎，《論語》作陽貨，非一名一字也，邢昺、孫奭乃有虎名貨字之說。」

虩 gé　　虎聲也。从虎，𣪘聲。讀若隔。〔古核切〕

虩 𧇛 mì　　白虎也。从虎，昔省聲。讀若鼏。〔莫狄切〕

【注釋】

白色虎。

虤 𧇘 hàn　　虩屬。从虎，去聲。〔臣鉉等曰：去非聲，未詳。〕〔呼濫切〕

爈 𤢌 shù　　黑虎也。从虎，儵聲。〔式竹切〕

【注釋】

段注：「《釋獸》曰：虪，黑虎。《釋文》曰：虪，今作爈。」

虦 𤢌 zhàn　　虎竊毛謂之虦苗。从虎，戔聲。竊，淺也。〔昨閑切〕

【注釋】

竊毛，淺毛也。苗，貓也。

段注：「苗今之貓字，許書以苗為貓也。《釋獸》曰：虎竊毛謂之虥貓。按毛、苗古同音，苗亦曰毛，如不毛之地。竊、虥、淺亦同音也。《大雅》曰：鞹鞃淺幭。傳曰：淺，虎皮淺毛也。言竊言淺一也。」

彪 𤝥 biāo　　虎文也。从虎，彡象其文也。〔甫州切〕

【注釋】

本義是老虎身上的花紋，引申有文采義，如「彪炳千古」。彪常用義為小老虎。又指虎之勇猛者，諺有「虎生九子，必有一彪」。引申身軀魁悟義，今有「彪悍」「彪形大漢」等。

明清二代官服皆有補子，前後各有一塊一尺見方的綢緞，上繡禽獸之形，文官繡飛禽，示文明也；武官繡走獸，示威武也。六品、七品即繡彪。《水滸傳》祝家莊有祝龍、祝虎、祝彪，龍、虎、彪一類也。又有金眼彪施恩。段注：「班彪字伯皮，此取虎文之義也。」

虒 𤢌 yì　　虎貌。从虎，乂聲。〔魚廢切〕

虓 𤢌 yì　　虎貌。从虎，气聲。〔魚迄切〕

【注釋】

虎高大威武貌。仡（勇壯貌）、屹，同源詞也。

虓 xiāo　　虎鳴也。一曰：師子。从虎，九聲。〔許交切〕

【注釋】

今虎嘯之專字。嘯，多指老虎叫，如「虎嘯猿啼」，故造專字表之。獅子叫謂之吼，今有「河東獅吼」；狼叫謂之嗥，今有「鬼哭狼嗥」；猿猴叫謂之啼，古詩有「兩岸猿聲啼不住」；鳥叫謂之鳴，《詩》有「嚶其鳴矣，求其友聲」。

段注：「一曰：師子，別義，謂師子名虓也。師、獅正俗字。《釋獸》曰：狻麑如虦貓，食虎豹。郭曰：即獅子也，出西域。」

唬 yín　　虎聲也。从虎，斤聲。〔語斤切〕

【注釋】

猶狺為犬吠聲。

虩 xì　　《易·履》：「虎尾虩虩。」恐懼。一曰：蠅虎也。从虎，隙聲。〔許隙切〕

虢 guó　　虎所攫畫明文也。从虎，寽聲。〔古伯切〕

【注釋】

本義是虎所抓畫之跡。段注：「虢字本義久廢，罕有用者。」常作國名，古代有虢國，三十六計有「假道伐虢」。又唐代州名，楊貴妃之三姐虢國夫人楊玉瑤，素面朝天者也。唐代張萱名畫有《虢國夫人遊春圖》。諧聲與複輔音 gl 有關。

虒 sī　　委虒，虎之有角者也。从虎，厂聲。〔息移切〕

【注釋】

今遞、篪從此聲。一種似虎有角的獸。「茈虒」「柴虒」猶參差也。《史記·司馬相如列傳》：「柴池茈虒，旋環後宮。」司馬貞《索隱》引張揖曰：「柴池，參差也。茈虒，不齊也。」

黱 téng　　黑虎也。从虎，朕聲。〔徒登切〕

文十五　重二

虣 bào　　虐也，急也。从虎，从武。見《周禮》。〔薄報切〕

【注釋】

同「暴」字。甲骨文有字，象持戈搏虎狀，應為「暴虎馮河」之本字。或謂「暴虎馮河」謂不乘車打老虎，不乘車過河，非赤手空拳打虎。

虖 tú　　楚人謂虎為烏虖。从虎，兔聲。〔同都切〕

【注釋】

烏虖，又作「於菟」，見揚雄《方言》。

文二　新附

虤部

虤 yán　　虎怒也。从二虎。凡虤之屬皆从虤。〔五閑切〕

【注釋】

甲文作、金文作，象兩虎爭鬥之形。

贙 yín　　兩虎爭聲。从虤，从曰。讀若憖。〔臣鉉等曰：曰，口氣出也。〕〔語巾切〕

贙 xuàn　　分別也。从虤對爭貝。讀若迴。〔胡畎切〕

【注釋】

「讀若迴」，破假借也。迴，違也，即分別也。

文三

皿部

皿 mǐn　　飯食之用器也。象形。與豆同意。凡皿之屬皆从皿。讀若

猛。〔武永切〕

【注釋】

「與豆同意」，見前「美」字注。「飯食之用器」者，見前「豆」字注。

盂 盂 yú 　　飯器也。从皿，于聲。〔羽俱切〕

【注釋】

盛水器也。段注：「飲，大徐及《篇》《韻》《急就篇》注作飯，誤。小徐及《後漢書》注、《御覽》皆作飲，不誤。」

盌 盌 wǎn 　　小盂也。从皿，夗聲。〔烏管切〕

【注釋】

盌非盛飯之用具，乃盛水之器也。古者飯蒸好後盛於簞笥，以手抓送入口中，盛飯於碗乃後起。從夗之字、之音多圓形義，如丸、灣、宛、婉、蜿等。

盛 盛 chéng 　　黍稷在器中以祀者也。从皿，成聲。〔氏征切〕

【注釋】

本義為裝在器皿中供祭祀的穀物。《穀梁傳·桓公十四年》：「天子親耕以共粢盛。」注：「黍稷曰粢，在器曰盛。」

齍 齍 zī 　　黍稷在器以祀者。从皿，齊聲。〔即夷切〕

【注釋】

本義是供祭祀用的穀物。此「宗廟粢盛」之本字也。《說文》：「粢，稻餅也。」本義是米餅，即今之糍粑，非本字明矣。

盇 盇 yòu（盔） 　　小甌也。从皿，有聲。讀若灰。一曰：若賄。〔于救切〕盔 盇，或从右。

【注釋】

今通行重文盔，醢從此字。甌者，小盆也。

盧 𥁰 lú（卢）　　飯器也。从皿，盧聲。〔洛乎切〕𥂁 籀文盧。

【注釋】

簡化字作卢，乃現代群眾所造。盧之本義是盛飯的器皿。筥簬是一種盛飯的竹器。從盧之字多有黑色義，「盧弓」「盧矢」謂黑弓、黑箭也。「盧瞳」謂黑眼珠也；鸕鷀，黑鳥也；驢，黑牲畜也；鱸，黑色魚也；壚，黑土也；黸，齊謂黑為黸。

盬 𥂁 gǔ　　器也。从皿，从缶，古聲。〔公戶切〕

【注釋】

盬子，一種周圍陡直的深鍋，用沙土或鐵製成，一般用來蒸煮食物。

盄 𥁱 zhāo　　器也。从皿，弔聲。〔止遙切〕

盎 𥁠 àng　　盆也。从皿，央聲。〔烏浪切〕𦉥 盎，或从瓦。

【注釋】

盎小口大腹，故引申盛、充盈義，今有「春意盎然」。

盆 𥁁 pén　　盎也。从皿，分聲。〔步奔切〕

【注釋】

「戴盆望天」謂頭頂盆子，想看天空而看不見，喻手段與目的相反。

盅 𥂁 zhù　　器也。从皿，宁聲。〔直呂切〕

【注釋】

宁，門與蕭牆之間的地方，音 zhù。非寧願簡體字。

盨 𥂛 xǔ　　檳盨，負戴器也。从皿，須聲。〔相庾切〕

【注釋】

古代盛食物的銅器，橢圓口，有蓋，兩耳，圈足或四足。

盤 𥂺 jiǎo　　器也。从皿，漻聲。〔古巧切〕

盗 ⿱㊙皿 mì　　械器也。从皿，必聲。〔彌畢切〕

【注釋】

指洗刷頭髮的器具。今謐從此聲。

醯 ⿱酉皿 xī　　酸也。作醯以鬻，以酒。从鬻、酒並省，从皿。皿，器也。
〔呼雞切〕

【注釋】

醯者，醋也，名詞。「醯醬」謂醋和醬，亦指醬醋拌和的調料。

盉 ⿱禾皿 hé　　調味也。从皿，禾聲。〔戶戈切〕

【注釋】

今調和之本字也，《說文》：「和，相應也。」此應和本字也。盉又為古代調酒器
之名。

段注：「調聲曰龢，調味曰盉，今則和行而龢、盉皆廢矣。」見前「龢」字注。

益 ⿱⿰水皿 yì　　饒也。从水、皿。皿，益之意也。〔伊昔切〕

【注釋】

本義是水溢出來，乃溢之初文。李孝定《甲骨文字集釋》：「益用為饒益，增益既
久，而本義轉晦，遂別製溢字，此當以泛溢為本義。」

引申為富裕、富足義，《呂氏春秋》：「其家必日益。」又為漸漸義，時間副詞，
《史記》：「始皇帝益壯。」今有「日益強大」。又有更義，程度副詞，如「多多益
善」。

盈 ⿱⿰夃皿 yíng　　滿器也。从皿、夃。〔以成切〕〔臣鉉等曰：夃，古乎切。
益多之義也，古者以買物多得為夃，故从夃。〕

【注釋】

本義是器滿。

盡 ⿱㿻皿 jìn（尽）　　器中空也。从皿，㿻聲。〔慈刃切〕

【注釋】

本義是器皿空了。今簡化為尽，乃盡之草書楷化字形。俗語有「尺二秀才」，舊時用以譏諷寫俗字的書生。「尺二」即指當時俗體「尽」字。

妻，即餘燼字。引申有詳細義，今有「詳盡」。段注：「《曲禮》曰：虛坐盡後，實坐盡前。即忍切，俗作儘，亦空義之引申。」

盅 盅 zhōng　　器虛也。从皿，中聲。《老子》曰：道盅而用之。〔直弓切〕

【注釋】

本義是器皿空，引申為空虛。今「沖虛」之本字當為盅，《笑傲江湖》武當派有沖虛道長，沖亦虛也。《說文》：「沖，湧繇也。」沖的本義是水搖動，非本字明矣。今沖行而盅廢矣。《老子》：「道盅而用之。」今《道德經》作沖。小的酒杯也叫盅，如「酒盅」「茶盅」。今有「美酒千盅辭舊歲」語。

段注：「盅虛字今作沖，《水部》曰：沖，湧繇也。則作沖非也，沖行而盅廢矣。」

盦 盦 ān　　覆蓋也。从皿，酓聲。〔烏合切〕〔臣鉉等曰：今俗別作罨，非是。〕

【注釋】

盦有覆蓋義，盦、奄、掩皆同源詞也。又作古代盛食物的器皿。用於人名時同「庵」，庵者，文人之書齋也。如劉師培，號左盦（庵），著有《左盦集》。陳獨秀號實庵。

段注：「此與《大部》奄音義略同，此謂器之蓋也。烏合切，七部，合當作含。」

昷 昷 wēn　　仁也。从皿，以食囚也。官溥說。〔烏渾切〕

【注釋】

此溫暖之本字也。《說文》：「溫，水也。」本義是水名，即貴州省之洪江。借為昷，溫行而昷廢矣。

盥 盥 guàn　　澡手也。从臼、水，臨皿。《春秋傳》曰：奉匜沃盥。〔古玩切〕

【注釋】

古代洗身體不同的部位各有專名。洗手謂之盥，今洗手間叫作盥洗室；洗頭謂之沐，故有「櫛風沐雨」，謂風梳頭，雨洗頭也。周公禮賢下士，曾一沐三握髮，均指洗頭也。洗身體謂之浴，故澡堂亦謂之浴室；洗手謂之澡，古有「澡手」，後洗澡成泛稱。洗臉謂之沫；洗腳謂之洗。洗者，跣也，洗腳必須光腳，故稱。古者洗只指洗腳，今作為洗之泛稱。

段注：「凡洒手曰澡、曰盥，洒面曰靧，濯髮曰沐，洒身曰浴，洒足曰洗。《水部》曰：澡，洒手也。《禮經》多言盥，《內則》：每日進盥，五日請浴，三日具沐，其間面垢請靧，足垢請洗。是則古人每旦必洒手，而洒面則不必旦旦為之也。」

洗之泛稱本作洒字，音 xǐ，《說文》：「洒，滌也。先禮切。」今作為灑水字。灑水字本作灑，《說文》：「灑，汛也。山豉切。」洒、灑古常通用表示掃除。今簡化字廢灑，以洒表灑義，以洗表洒義。

盪 dàng　　滌器也。从皿，湯聲。〔徒朗切〕

【注釋】

洗滌器皿必搖動才可去漬，故引申搖盪義。盪實乃今搖盪、浩蕩之本字也。《說文》：「蕩，蕩水。」本義是水名，非本字明矣。

段注：「盪者，滌之甚者也。《易》曰：八卦相盪。《左傳》：震盪播越。皆引申之義。《郊特牲》曰：滌蕩其聲。注：滌蕩猶搖動也。蕩者，盪之假借。」

文二十五　重三

盋 盋 bó（缽、鉢）　　盋器，盂屬。从皿，犮聲。或从金，从本。〔北末切〕

【注釋】

今作缽。和尚用的飯碗為「缽盂」。佛教中師傅傳給弟子的袈裟和缽盂為「衣缽」。見「甌」字注。

文一　新附

凵部

凵 凵 qū　　凵盧，飯器，以柳為之。象形。凡凵之屬皆从凵。 䇢 凵，或从竹，去聲。〔去魚切〕

【注釋】

單呼曰盧，累呼曰厶盧也。見前「盧」字注。

文一　重一

去部

去 全 qù　　人相違也。从大，厶聲。凡去之屬皆从去。〔丘據切〕

【注釋】

違，離也。今「久違」者，謂離開好久了。去的本義是離開，「去世」謂離世也，保留本義。前往義後起。引申為距、距離義，《韓非子》：「去門十里以為界。」

揭 偈 jié　　去也。从去，曷聲。〔丘竭切〕

【注釋】

本義是離去，如「富貴弗就，貧賤弗揭」。常用義是勇武，《詩經》：「庶士有揭。」勇武義本字當為「偈」。段注：「按古人文章多云揭來，猶往來也。」

㥏 㥏 líng　　去也。从去，夌聲。讀若陵。〔力膺切〕

文三

血部

血 盃 xuè　　祭所薦牲血也。从皿，一象血形。凡血之屬皆从血。〔呼決切〕

【注釋】

血，六書為指事字。

衁 衁 huāng　　血也。从血，亡聲。《春秋傳》曰：士刲羊，亦無衁也。〔呼光切〕

【注釋】

本義是血塊。今川菜「毛血旺」之本字，毛血旺以鴨血為製作主料。

衃 衃 pēi   凝血也。从血，不聲。〔芳杯切〕

【注釋】

淤血。

盡 盡 jìn   气液也。从血，聿聲。〔將鄰切〕

【注釋】

今「津液」之本字。《說文》：「津，河渡也。」本義是河的渡口，非本字明矣。聿，音 jìn。段注：「此字各書皆假津為之，津行而盡廢矣。《水部》曰：液，盡也。」

衁 衁 tíng   定息也。从血，甹省聲。讀若亭。〔特丁切〕

【注釋】

此安寧字之初文。邵瑛《群經正字》：「此為甹息之甹，今經典亦統用寧字。」按：卜辭從皿不從血。

商承祚《殷虛文字類編》：「卜辭寧訓安，與許書訓甹為定息誼同，是許書以此為安寧字，而以寧為願詞。今卜辭曰：今月鬼甹。是甹與寧字誼同，當為一字。其訓願詞者，殆由安誼引申之也。」

衄 衄 nǜ   鼻出血也。从血，丑聲。〔女六切〕

【注釋】

本義是鼻出血，今有「鼻衄」。泛指人體部位的出血，如「耳衄」「齒衄」。引申出挫敗義，如「小衄」，即小敗也。又「衄折」「衄挫」。

段注：「按諸書用挫衄者，縮朒字之假借也。縮朒者，退卻之意也。」

衁 衁 nóng（膿）   腫血也。从血，農省聲。〔奴冬切〕膿 俗衁从肉，農聲。

【注釋】

今通行重文膿字，簡化作脓。

衁 衁 tǎn   血醢也。从血，肬聲。《禮記》有衁醢，以牛乾脯、粱、籟、

鹽、酒也。〔臣鉉等曰：肬，肉汁滓也。故从肬，肬亦聲。〕〔他感切〕

【注釋】

　　今作醓、肬，三字實一詞也，皆指帶汁肉醬，如「醓醢」。見「肬」字注。

　　葅 𦢌 zú　　醢也。从血，菹聲。〔側余切〕𦢌 葅，或从缶。

【注釋】

　　今菹醢之本字也。《說文》：「菹，酢菜也。」本義是酸菜，非本字明矣。

　　段注：「細切為𦢌，全物若𦞕為菹，則𦢌、菹之稱菜肉通。」

　　衊 𧖡 jī　　以血有所刏塗，祭也。从血，幾聲。〔渠稀切〕

　　卹 𧖟 xù　　憂也。从血，卪聲。一曰：鮮少也。〔徐鍇曰：血者，言憂之切至也。〕〔辛聿切〕

【注釋】

　　段注：「卹與《心部》恤音義皆同，古書多用卹字，後人多改為恤。」本義是擔憂，引申出體恤、救濟義，今有「撫恤」。

　　衋 𧖤 xì　　傷痛也。从血、聿，㿧聲。《周書》曰：民罔不衋傷心。〔許力切〕

　　衉 𧖨 kàn　　羊凝血也。从血，㖔聲。〔苦紺切〕𧖩 衉，或从贛。

【注釋】

　　䐸從此省聲。王筠《句讀》引《證俗音》云：「南方謂凝牛、羊、鹿血為衉。」

　　盇 𥁊 hé（盍）　　覆也。从血、大。〔臣鉉等曰：大，象蓋覆之形。〕〔胡臘切〕

【注釋】

　　隸定作盇，隸變作盍。今覆蓋之本字也。《說文》：「蓋，苫也。」蓋本義是草苫，今簡化字作盖，實乃蓋之草書楷化字形。段注：「《艸部》之蓋从盇會意，訓苫，覆之

引申耳。今則蓋行而盍廢矣。」

盍作疑問代詞義為何不，表示反問或疑問，《論語》:「盍各言爾志？」王引之《經義述聞》:「盍有兩義，一為何，一為何不。」

衊 miè　　污血也。从血，蔑聲。〔莫結切〕

【注釋】

此污蔑之本字也。本義是污血，以血塗染也謂之衊，引申為詆謗，今「污蔑」同義連文。「污蔑」者，污有塗染義，亦有詆謗義，同步引申也。《說文》:「蔑，勞目無精也。」本義是眼睛勞累看不清，非本字明矣。

文十五 重三

丶部

丶 zhǔ　　有所絕止，丶而識之也。凡丶之屬皆从丶。〔知庾切〕

【注釋】

本義是古人讀書時斷句的符號，表示停止之義。

段注:「此於六書為指事。凡物有分別，事有可不，意所存主，心識其處者皆是，非專謂讀書止，輒乙其處也。」

主 zhǔ　　燈中火主也。从𡈼，象形，从丶，丶亦聲。〔臣鉉等曰:今俗別作炷，非是。〕〔之庾切〕

【注釋】

本義為燈芯，引申為主人義，後又加火為炷作燈芯之專字。段注:「其形甚微而明照一室，引申假借為臣主、賓主之主。」段注有引申假借之說，見前注。「主」有掌管義，如「主兵」。引申預示義，如「早霞主雨，晚霞主晴」。

段注:「按丶、主古今字，主、炷亦古今字。凡主人、主意字本當作丶，今假主為丶而丶廢矣。假主為丶，則不得不別造鐙炷字。正如假左為𠂇，不得不別造佐為左也。」

咅 pǒu　　相與語，唾而不受也。从丶，从否，否亦聲。〔天口切〕 音，或从豆，从欠。

【注釋】

　今陪、倍等字從此聲。今「啊呸」之本字。

　文三　重一